劳动与社会保障专业
课程思政指南

主　编　秦立建　廖　勇
副主编　王浩林　董晓波

中国财经出版传媒集团

经济科学出版社
Economic Science Press

图书在版编目（CIP）数据

劳动与社会保障专业课程思政指南/秦立建，廖勇
主编 . -- 北京：经济科学出版社，2022.11
ISBN 978 - 7 - 5218 - 4199 - 2

Ⅰ. ①劳…　Ⅱ. ①秦…②廖…　Ⅲ. ①高等学校 - 思
想政治教育 - 研究 - 中国　Ⅳ. ①G641

中国版本图书馆 CIP 数据核字（2022）第 207087 号

责任编辑：李　雪　高　波
责任校对：王苗苗
责任印制：邱　天

劳动与社会保障专业课程思政指南

LAODONG YU SHEHUI BAOZHANG ZHUANYE KECHENG SIZHENG ZHINAN
主　编　秦立建　廖　勇
副主编　王浩林　董晓波
经济科学出版社出版、发行　新华书店经销
社址：北京市海淀区阜成路甲 28 号　邮编：100142
总编部电话：010 - 88191217　发行部电话：010 - 88191522
网址：www. esp. com. cn
电子邮箱：esp@ esp. com. cn
天猫网店：经济科学出版社旗舰店
网址：http：//jjkxcbs. tmall. com
固安华明印业有限公司印装
710×1000　16 开　15.25 印张　200000 字
2022 年 12 月第 1 版　2022 年 12 月第 1 次印刷
ISBN 978 - 7 - 5218 - 4199 - 2　定价：66.00 元
（图书出现印装问题，本社负责调换。电话：010 - 88191510）
（版权所有　侵权必究　打击盗版　举报热线：010 - 88191661
QQ：2242791300　营销中心电话：010 - 88191537
电子邮箱：dbts@ esp. com. cn）

前　言

习近平总书记在教育文化卫生体育领域专家代表座谈会上指出："要坚持社会主义办学方向，把立德树人作为教育的根本任务，发挥教育在培育和践行社会主义核心价值观中的重要作用，深化学校思想政治理论课改革创新。①"高等学校课程思政建设是落实立德树人根本任务的战略举措，帮助学生塑造正确的世界观、人生观和价值观，解决培养什么人和为谁培养的根本教育问题。

劳动与社会保障专业属于公共管理学科，其专业课程与思政教育存在天然联系。公共部门是专业重要的就业领域，培养什么样的人是专业育人首先要考虑的问题。专业课程学习是为培养学生的政治认同、公共精神、国家情怀和法治意识以及公共伦理，突出中国劳动与社会保障制度"以人民为中心"的制度优越性，直面中国劳动与社会保障制度存在的问题，进行国情教育。

本书的编写组成员都是工作在教育一线的教师，对于专

---

① 习近平. 在教育文化卫生体育领域专家代表座谈会上的讲话［N］. 人民日报，2020 – 09 – 23（2）.

业课程教学以及课程思政教育有着丰富的实践。本书是多位同仁通力合作、共同努力的成果。全书框架由安徽财经大学中国合作社研究院秦立建院长、廖勇副校长、王浩林博士、董晓波博士等共同商讨构思，具体写作的分工如下：第一章由周伟副教授完成，第二章和第三章由马广博副教授完成，第四章、第八章和第九章由姜丽美副教授完成，第五章、第六章由洪利华博士完成，第七章由周德水博士完成，第十章和第十一章由王浩林副教授完成，第十二章和第十三章由冯广刚副教授完成。

本书是安徽省高等学校省级质量工程：劳动与社会保障专业卓越基础学科拔尖学生培养创新项目（2020zyrc003）（2020zyrc018）（2020szsfkc0004）研究成果的一部分。

作者

2022 年 10 月

目　　录

第一章　公共管理学课程思政——政府购买公共服务 ······ 1

　　一、课程教学目标 ························· 1

　　二、思政育人目标 ························· 2

　　三、课程思政教育融入点 ··················· 3

　　四、课程思政实施 ························· 5

　　五、课程思政教学反思 ····················· 20

　　六、教学课件展示 ························· 23

第二章　劳动经济学课程思政——已婚妇女劳动参与 ······ 28

　　一、课程教学目标 ························· 28

　　二、思政育人目标 ························· 28

　　三、课程思政教育融入点 ··················· 29

　　四、课程思政实施 ························· 32

　　五、课程思政教学反思 ····················· 42

　　六、教学课件展示 ························· 47

第三章　劳动经济学课程思政——退出劳动力市场 …… 50

　　一、课程教学目标 ……………………………………… 50

　　二、思政育人目标 ……………………………………… 50

　　三、课程思政教育融入点 ……………………………… 51

　　四、课程思政实施 ……………………………………… 54

　　五、课程思政教学反思 ………………………………… 60

　　六、教学课件展示 ……………………………………… 64

第四章　社会保障学课程思政——社会救助 …………… 66

　　一、课程教学目标 ……………………………………… 66

　　二、思政育人目标 ……………………………………… 66

　　三、课程思政教育融入点 ……………………………… 67

　　四、课程思政实施 ……………………………………… 69

　　五、课程思政教学反思 ………………………………… 76

　　六、教学课件展示 ……………………………………… 77

第五章　社会保障学课程思政——养老保险 …………… 82

　　一、课程教学目标 ……………………………………… 82

　　二、思政育人目标 ……………………………………… 82

　　三、课程思政教育融入点 ……………………………… 83

　　四、课程思政实施 ……………………………………… 86

　　五、课程思政教学反思 ………………………………… 93

　　六、教学课件展示 ……………………………………… 96

目　录

第六章　社会保障学课程思政——社会保障基金 ······ 100

一、课程教学目标 ·· 100

二、思政育人目标 ·· 101

三、课程思政教育融入点 ······································ 101

四、课程思政实施 ·· 102

五、课程思政教学反思 ·· 111

六、教学课件展示 ·· 113

第七章　社会保险课程思政——失业保险领取条件 ······ 116

一、课程教学目标 ·· 116

二、思政育人目标 ·· 116

三、课程思政教育融入点 ······································ 117

四、课程思政实施 ·· 118

五、课程思政教学反思 ·· 131

六、教学课件展示 ·· 132

**第八章　劳动法与社会保障法课程思政——劳动合
同订立原则** ··· 134

一、课程教学目标 ·· 134

二、思政育人目标 ·· 134

三、课程思政教育融入点 ······································ 135

四、课程思政实施 ·· 136

五、课程思政教学反思 ·· 146

六、教学课件展示 …………………………………… 147

第九章　劳动法与社会保障法课程思政——违约金
　　支付 …………………………………………… 152

一、课程教学目标 ……………………………… 152

二、思政育人目标 ……………………………… 152

三、课程思政教育融入点 ……………………… 153

四、课程思政实施 ……………………………… 154

五、课程思政教学反思 ………………………… 160

六、教学课件展示 ……………………………… 161

第十章　劳动关系管理课程思政——工会…………… 165

一、课程教学目标 ……………………………… 165

二、思政育人目标 ……………………………… 165

三、课程思政教育融入点 ……………………… 166

四、课程思政实施 ……………………………… 168

五、课程思政教学反思 ………………………… 174

六、教学课件展示 ……………………………… 176

第十一章　劳动关系管理课程思政——员工参与
　　管理 …………………………………………… 180

一、课程教学目标 ……………………………… 180

二、思政育人目标 ……………………………… 180

三、课程思政教育融入点 ……………………… 181

四、课程思政实施 ……………………………………… 182

五、课程思政教学反思 ………………………………… 188

六、教学课件展示 ……………………………………… 191

第十二章　医疗保险实务课程思政——城乡居民基本
　　　　　医疗保险政策 ……………………………… 194

一、课程教学目标 ……………………………………… 195

二、思政育人目标 ……………………………………… 195

三、课程思政教育融入点 ……………………………… 195

四、课程思政实施 ……………………………………… 196

五、课程思政教学反思 ………………………………… 203

六、教学课件展示 ……………………………………… 204

第十三章　工伤保险课程思政——工伤认定 ………… 210

一、课程教学目标 ……………………………………… 210

二、思政育人目标 ……………………………………… 210

三、课程思政教育融入点 ……………………………… 211

四、课程思政实施 ……………………………………… 211

五、课程思政教学反思 ………………………………… 220

六、教学课件展示 ……………………………………… 221

参考文献 ………………………………………………… 229

第一章　公共管理学课程思政
——政府购买公共服务[*]

一、课程教学目标

（一）认知目标

（1）了解公共服务以及政府购买公共服务的基本内涵。

（2）理解政府购买公共服务的理论基础。

（3）认识政府购买公共服务的保障条件。

（4）掌握政府购买公共服务的适用范围。

（二）情感目标

（1）使学生深刻理解政府购买公共服务的可行性和必要性，增强学生对中国公共管理改革实践的自豪感和责

---

　　[*]　安徽省高校省级质量工程项目："公共管理专业课程隐性育人功能及其实现路径研究"（编号 2021jyxm0009）。

任感。

（2）促进学生不断树立公共意识、问题意识和改革意识。

（三）技能目标

引导学生运用所学知识解释有关政府购买公共服务的实践，逐步提高学生发现问题、分析问题和解决问题的能力。

二、思政育人目标

（一）坚定中国特色社会主义理论自信、制度自信

政府购买公共服务是我国政府履行公共服务职能的一种新理念、新机制、新方法，具有深厚的理论基础和广阔的发展前景，对于转变政府职能、创新社会治理具有重要意义。在基础设施、养老、医疗、劳动就业等各个领域所取得的成效，充分证明了十八届三中全会所做出的"加大政府购买公共服务力度"，"凡属事务性管理服务，原则上都要引入竞争机制"等决策的正确性。

（二）增强改革意识、创新意识和规则意识

推广政府购买公共服务是一场综合性改革，工作难度大，牵一发而动全身，是全面深化改革中一次重要的制度创新。一方面，要以改革的精神正确对待利益调整，积极

推动政府购买公共服务取得实质成效；另一方面，又要做到通盘考虑、周密部署、精心设计，不断完善政府购买公共服务的制度体系。

（三）引导学生树立正确的价值观，培养学生高尚的家国情怀

公共服务尤其是基本公共服务是人民基本的生存和发展的权利，满足人民群众的公共服务需求是党和政府责无旁贷的责任。人民对于快速增长的优质的公共服务需要与公共服务有效供给不平衡不充分之间的矛盾，是新时代我国社会主要矛盾在公共服务领域的具体表现，政府购买公共服务是化解这一矛盾的一剂良药。

三、课程思政教育融入点

（一）政府购买公共服务的理论基础

虽然指导政府购买公共服务的理论大多来自西方，但一方面，这些理论本身就具有一定的基础性和普适性；另一方面，我国在政府购买公共服务实践中又对这些理论进行了本土化的改造，例如，将政府购买公共服务置于转变政府职能、提高国家治理能力的宏观背景下，对政府购买公共服务的内容、范围、方式等做出了比较细致的规定，使之更加符合中国实际，成为中国特色哲学社会科学理论体

系的重要组成部分。因此，通过政府购买公共服务理论基础的阐述，对坚定中国特色社会主义理论自信、制度自信具有较强的指导意义。

（二）政府购买公共服务的实践探索

我国自 20 世纪 90 年代就开始推行政府购买公共服务，大致经历了初步探索（1994～2002 年）、局部实施（2003～2012 年）、全面推行（2013 年至今）三个不同阶段（杨燕英，2018），国家及相关部门先后制定了多个鼓励政府购买公共服务的政策文件，地方政府也陆续出台了地方性的指导意见。尽管如此，仍然存在法律法规体系不够健全、公共服务指导性目录不够完善、承接主体能力不足、监督机制不够科学等问题。所有这些都表明，政府购买公共服务是一项十分复杂的系统工程，只有不断增强改革意识，大胆探索，以创新的精神完善制度体系，政府购买公共服务才能取得更大的成效。

（三）政府购买公共服务的案例启示

满足残疾人基本生活需要是政府的重要职责，正如习近平总书记所说的："全面建成小康社会，一个也不能少；共同富裕路上，一个也不能掉队。[①]"作为一种新的公共服务提供方式，政府购买残疾人居家托养服务可以实现"托

[①] 习近平. 习近平谈治国理政（第三卷）[M].北京：外文出版社，2020：66.

养一个人，解放一群人，脱贫一家人"，让贫困残疾人共享社会关爱的阳光，已成为各地发展残疾人事业的一项重要制度安排和政策工具。通过本案例分析，一方面，可以促使学生增强对政府购买公共服务的理性认识和感性认识；另一方面，案例本身也为学生提升公益意识，厚植爱国主义情怀，弘扬扶残助残的社会风气，传递了重要信息。

四、课程思政实施

（一）案例简介

1. 背景信息

"照看一个人，致贫一家人，拖累一群人"，这是残疾人家庭生活的真实写照。我国残疾人口数量庞大，尤其是重度残疾人比例较高。根据第 2 次全国残疾人抽样调查统计，我国残疾人总数 8500 多万人，其中，重度残疾 2500 多万人，约占残疾人总数的 40%①。如何改善残疾人的生活条件和生存状况，缓解残疾人家庭面临的巨大经济压力和精神压力，已成为全社会关注的热点。

《中华人民共和国残疾人保障法》也赋予了残疾人"共

---

① 中国残联. 2010 年末全国残疾人总数及各类、不同残疾等级人数［EB/OL］. http：//www. cdpf. org. cn/sjzx/cjrgk/201206/t20120626_387581. shtml（第七次全国人口普查尚未公布最新的全国残疾人数据）。

享社会物质文化成果"的基本权利。在实现共同富裕的新征程上，易返贫的特殊性决定了残疾人及其家庭是重点帮扶的对象。事实上，助残惠残也一直是民生工程的重要内容。鉴于居家托养服务具有灵活性较强、成本较低、效率较高等优势，政府购买残疾人居家托养服务已经成为各地发展残疾人事业的一项重要的制度安排和政策工具。

2007 年 7 月，中国残联在广州召开全国首次残疾人托养服务工作会议，部署残疾人托养服务工作。2009 年，中央拨付专项资金实施"阳光家园"计划，为智力、精神、重度残疾人提供托养服务。2011 年，《中国残疾人事业"十二五"发展纲要》指出要"建立以居家托养服务为基础的残疾人托养服务体系"，托养服务正式成为残联组织的一项工作。2012 年中国残联等 8 部门制定《关于加快发展残疾人托养服务的意见》，进一步细化了残疾人托养服务工作。2013 年，中国残联印发《残疾人托养服务基本规范（试行）》，明确了包括居家托养服务在内的托养服务规范，并开始实施残疾人托养服务能力建设项目。2014 年，财政部、中残联等 6 部门联合下发《关于做好政府购买残疾人服务试点工作的意见》，将残疾人服务纳入政府购买试点范畴。2021 年，国务院公布的《"十四五"残疾人保障和发展规划》进一步提出要采取政府购买公共服务等方式，吸引社会力量和市场主体参与残疾人服务。目前，政府向社会组织购买残疾人服务的实践不断推进，购买内容涉及康复、就业、培训、托养等多个方面。

2. 龙子湖区政府购买残疾人居家托养服务基本情况

2016 年 5 月，安徽省蚌埠市残联经过充分调研，制定了《关于在龙子湖区开展贫困残疾人居家托养试行办法》，确定在龙子湖区进行残疾人居家托养服务试点。六年来，龙子湖区残联先行先试，在承接主体、服务对象、购买内容、购买机制、绩效评价等方面积极探索，积累了宝贵经验。试点工作有效缓解了残疾人及其家庭的压力，调动了社会组织参与公共服务的积极性，同时也改进了政府形象，社会反响热烈，也产生了良好的示范效应。龙子湖区残联"居家助残"项目因此荣获 2016 年安徽省第三届青年志愿服务项目大赛二等奖和蚌埠市青年志愿服务项目大赛金奖。

（1）起步阶段：委托承接主体。《关于在龙子湖区开展贫困残疾人居家托养的试行办法》规定了贫困残疾人居家托养的服务范围、服务方式、服务标准、项目资金及监督机制，并确定"由龙子湖区残联（购买方）与蚌埠市壹智居家托养信息服务中心（服务方）以购买服务的方式签订合同，服务对象为贫困重度残疾人"。

鉴于尚处于试点阶段，龙子湖区残联与壹智居家分别于 2016 年 7 月、2017 年 1 月、2017 年 7 月和 2018 年 3 月，分 4 次签订龙子湖区残联政府购买社会组织公共服务项目合同，每次合同约定时间为半年，以便及时调整和优化。

（2）发展阶段：公开招标承接主体。2019 年，龙子湖区残联开始通过公开招标的方式选择社会组织为辖区残疾人提供居家托养服务。中标企业为安徽华荣远诚人力资源服务集团有限公司（简称华荣远诚），合同期限为 12 个月（2019 年 4 月 1 日～2020 年 3 月 31 日），合同金额 17.4 万元。

相对于起步阶段，居家托养服务在以下两个方面有了明显的改进。一是服务对象方面，在原有服务对象的基础上，又将残疾人阳光家园项目的服务对象整合进来，提高了项目规模，2019 年服务对象为 113 人，2020 年为 115 人。二是服务内容方面，在试点阶段已有服务内容的基础上，华荣远诚充分利用其位于市内居家养老指挥中心的优势，进一步拓展残疾人居家托养的线下服务内容，包括为生活不能自理的残疾人提供日间照料；免费建立健康档案，测量血压、血糖、身高体重；免费书报阅览、远程视频、健身设备使用等文体娱乐活动；免费法律咨询等。

3. 龙子湖区政府购买残疾人居家托养服务的成效

一方面，有效缓解了残疾人及其家庭的压力。2016～2018 年，蚌埠市残联累计对龙子湖区投入财政资金约 27 万元，服务对象从居家托养服务中得到了实实在在的好处，生活压力有所缓解。政府和服务企业在探索过程中，一直把残疾人的权益和需求放在第一位；服务企业整合了各种社会资源，使残疾人告别了传统的政府"点菜式"的单一模式，服务内容愈加丰富多样，服务方式更加安全便捷，服务质量也更具专业性，这些都是政府购买残疾人服务最直观的成效。

另一方面，充分调动了企业购买政府公共服务的积极性。服务过程中，企业充分挖掘资源，不断完善更新自身功能。从简单的代购、家政服务，到针对残疾人的"助浴""助医"等服务，再到与华荣远诚合作后新增的一些免费的文体类服务，这些都充分表明，承接主体的积极性得到了调动。

（二）主要知识点

1. 公共服务

公共服务有广义和狭义之别。广义上，政府履行其职能时的所有产出，都可以称为公共服务。广义的公共服务可以分为三类：第一类是支撑经济社会正常运转、全民受益且无法分割的公共性服务，例如宏观调控、环境保护、市场监管等，其表现形式多为法律法规、发展规划、公共政策等；第二类是能够增加社会福利且有特定受益对象的公益性服务，例如教科文卫体等公共事业；第三类则介于二者之间，例如社会管理等。这三类公共服务中，第一类除了支撑政府履职所需辅助性服务外，其他都难以向市场购买，后两类可以向市场购买（刘昆，2014）。

狭义的公共服务，主要指支撑经济社会正常运转、直接满足全体或部分公民生产、生活需要的服务项目和服务过程，具有公共性或准公共性的特性。狭义的公共服务也可以分为三类：第一类是基础性公共服务，例如公用事业、基础设施等；第二类是经济性公共服务，例如科技推广、信息咨询等；第三类是社会性公共服务，例如教科文卫体、社会保障等。

2. 政府购买公共服务的基本内涵

（1）政府购买公共服务的概念。政府购买公共服务是指将原来由政府直接提供的公共服务事项交由社会组织完成，并根据社会组织提供的公共服务数量和质量确定服务费用的一种新的公共服务提供方式。2016 年 12 月，民政部颁布《关于通过政府购买服务支持社会组织发展的指导意见》，该意见明确提出，凡适合社会组织提供的公共服务尽可能交由社会组织承担。在我国，社会组织一般包括民办非企业单位、基金会、社会团体等。

政府购买公共服务是公共服务提供机制市场化、民营化、社会化的一种制度安排，其实质是通过引入市场机制，提高公共财政的使用效率，增强公共服务的供给效力，从而更有效地满足社会公共服务需求。

（2）政府购买公共服务的起源和发展。二战以后，西方国家建立起了一套"从摇篮到坟墓"的福利国家制度体系。20 世纪六七十年代以后，西方国家经济增长速度放缓、人口数量增加、福利支出大幅度上升、财政压力与日俱增等，这一制度体系受到前所未有的挑战。西方国家纷纷进行大规模的福利改革，变"福利国家"为"社会投资国家"，实行国家、集体和个人共同参与、共担风险的积极福利政策。这种转变，强调政府不再是福利的唯一提供者，企业和非营利组织也可以成为福利的提供者。英国、美国、加拿大、欧盟等西方国家和国际组织纷纷开展公私合作的公共服务供给方式。自此之后，政府购买便获得了长足的发展。

总体来看，有四个方面原因促使政府购买公共服务在 20 世纪六七十年代获得迅速发展。第一，政府在公共产品或公共服务提供上的低效率引起公众的不满；第二，新公共管理运动的兴起和发展；第三，社会组织得到发展和壮大；第四，公众对公共服务的需要日益增长。

随着市场经济的不断发展和完善，我国也开始逐渐引入政府购买公共服务。最早可追溯到 1994 年深圳市罗湖区在环境卫生领域中引入政府购买公共服务，之后，政府购买的范围逐渐扩大到社区服务、养老服务、就业、医疗等多个领域。

（3）政府购买公共服务的主体。

第一，购买主体。指依法承担行政管理职能，经费由财政预算保障的行政机关、事业单位和群团组织。

第二，承接主体。理论上包括有能力承接公共服务具体供应工作的所有组织和个人。当前，在我国包括以下三类：一是非财政全额保障的事业单位，例如公益二类、公益三类的事业单位；二是社会组织，包括民办非企业单位、基金会、社会团体等；三是私人部门和个人。

第三，使用主体。此即公共服务的最终需求者，根据服务性质和服务对象的不同，使用主体也不同。例如，为政府提供决策咨询的公共服务，其使用主体就是政府部门，而前述案例中的使用主体则是辖区内的残疾人。

3. 政府购买公共服务的理论基础

政府购买公共服务是多个理论共同指导下的一种公共管理实践。公共产品理论、多元主体失灵理论、政府与社会组织的关系理论，决定了政府购买公共服务的必要性；新公共管理理论、新公共服务理论、服务型政府理论，决定了政府购买公共服务的可行性。这些理论之间并非互不相关、彼此分离，而是相互影响、相互渗透、相互补充的关系（见图1－1）。

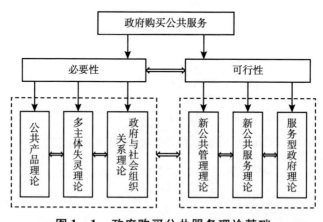

图1－1　政府购买公共服务理论基础

4. 政府购买公共服务的条件和范围

（1）政府购买公共服务的条件。从经济学理论视角看，最初的政府购买公共服务大多采用合同外包的方式进行，其初衷是，降低政府提供公共服务的成本，强化政府履行职能的经济性、效率性和有效性。但实践中，有些公共服务的成本是难以计算和测量的，这就引出了下面的问题：究竟哪些公共服务可以采取政府购买的方式？或政府购买服务的范围该如何界定？围绕这一问题，学者们形成了两大派别：一是激进派；二是温和派，前者认为所有公共服务都可以由政府购买，后者认为政府的购买范围有限。

进一步考察发现，从成本的角度来看，难以度量服务质量、交易成本高的公共服务不适宜政府购买；从价值追求的角度来看，涉及政府核心职能、要求和标准较高的公共服务不适宜政府购买。总体来说，以下三个条件是确定公共服务政府购买的主要（参考）依据：一是公共服务提供成本的高低；二是公共服务的要求和标准是否明确、是否存在竞争市场；三是受益主体和受益程度是否确定。另外，社会组织发育程度和服务承接能力也是需要重视的因素。

（2）政府购买公共服务的范围。根据上述条件，政府购买公共服务的范围可以分为三种情形：第一，行政管理类的公共服务不能采取这种形式，但为支撑政府履职服务的部分中间投入品可以向市场购买；第二，公益性的公共服务可以向市场购买；第三，介于二者之间的公共服务政府和市场都可以生产，但应优先考虑市场提供（财政部科研所课题组，2014）。

5. 政府购买公共服务的基本方式

根据公共服务的类型和公共服务生产主体的不同，政府购买公共服务的方式可以采用合同外包、凭单制、补助和奖励等多种方式。

（1）合同外包。即将原来由政府直接生产的公共服务事项通过公开招标等方式交给有资质的社会组织完成，根据中标者所提供服务的数量和质量支付服务费用。合同外包适合服务标准、数量、质量比较明确的公共服务，其实质是对生产者进行竞争性选择。这种方式在实施过程中，合同条款必须要完备、全面，包括双方的权利和义务、服务的质量标准和规格等。

（2）凭单制。适合难以明确质量标准和规格的，与消费者主观感知联系比较密切的公共服务项目，例如本案例中的残疾人居家托养服务。不同于合同外包，凭单制是直接补贴给消费者，赋予消费者更多的选择权，服务组织以凭单领取政府补贴。实行凭单制的前提条件是，某项公共服务的市场提供主体较多，竞争比较充分。

（3）补助和奖励。适合积极参与公共服务项目、收益明显低于成本，甚至没有收益的市场主体，例如，向社区居民免费提供阅读、健身等公共服务的组织或个人。补助和奖励的方式既可以是财政直接补贴，也可以采用税收优惠的方式。

6. 政府购买公共服务的政策依据

2020 年 1 月 3 日，为了规范政府购买行为，改善公共服务供给，财政部颁布了《政府购买服务管理办法》，对政府购买服务的基本原则、管理主体、购买主体、承接主体、购买内容、实施过程、监督管理等方面做出明确规定。

第一，购买原则。即预算约束、以事定费、公开择优、诚实信用、讲求绩效。

第二，管理主体。财政部负责制定全国性政府购买服务制度，指导和监督各地区、各部门政府购买服务工作。县级以上地方人民政府财政部门负责本行政区域政府购买服务管理。

第三，购买主体。各级国家机关是购买主体。

第四，承接主体。依法成立的企业、社会组织（不含由财政拨款保障的群团组织），公益二类和从事生产经营活动的事业单位，农村集体经济组织，基层群众性自治组织，以及具备条件的个人可以作为政府购买服务的承接主体。

第五，购买内容。包括政府向社会公众提供的公共服务，以及政府履职所需辅助性服务，具体范围和内容实行指导性目录管理。指导性目录实行分级管理、依法公开，并根据经济社会发展实际、政府职能转变和基本公共服务均等化、标准化的要求及时进行调整。

第六，实施过程。一是重点考虑、优先安排与改善民生密切相关，有利于转变政府职能、提高财政资金绩效的项目，突出公共性和公益性；二是购买主体应当通过公平竞争择优确定承接主体，并签订书面合同，合同应明确服务的内容、期限、数量、质量、价格，资金结算方式，各方权利义务事项和违约责任等内容；三是政府购买服务项目实行绩效管理，绩效评价结果作为承接主体选择、预算安排和政策调整的重要依据。

7. 基于龙子湖区案例的政府购买公共服务的经验与不足

（1）龙子湖区政府购买案例的经验。龙子湖区政府购买残疾人居家托养实践，为深入推进政府购买公共服务积累了宝贵的经验。这些经验主要包括三个方面。

第一，政府与社会组织的合作越来越规范。在起步阶段，政府采取的是自上而下单方面委托的方式来确定承接主体的。选择该机构主要考虑到该公司位于本市，便于整合当地社会资源服务残疾人。在发展阶段，由于积累了一些经验，残联可以自主开展残疾人居家托养服务工作。根据《龙子湖区限额内工程与服务项目招投标工作组织管理暂行办法》，残疾人居家托养服务项目属于限额内服务项

目，需要进行公开招标。所谓限额内服务项目，是指预算 1
万元以上、20 万元以下的工程勘察、工程咨询、工程检测、
工程监理、工程设计等服务。龙子湖区残联委托第三方招
标代理机构按照《蚌埠市建设工程招标投标管理办法》进
行招标，最终华荣远诚中标，并与龙子湖区残联签订项目
合同。

第二，线下服务内容不断升级完善。在起步阶段，线下
服务主要包括订餐、代购生活用品、清洗衣物、维修、代
办事项、免费维权咨询、生日提醒、用药提醒等项目。
2018 年的服务项目中，线下服务在原有的基础上增加了助
浴、助医、助洁、助行，以及无偿的精神关怀服务。服务内
容明显增加，从商品代购、家政以及简单的医护，到注重
满足残疾人生理健康需求，提高了残疾人服务的满意度。
发展阶段，华荣远诚的线下服务在原有基础上又增加了日
间照料、康复护理、文体娱乐、法律咨询等。可以看出，居
家托养的服务内容开始注重残疾人精神文化生活方面的需
求，服务内容更加全面了。

第三，服务方式更加优化。在起步阶段，龙子湖区
残联采取传统的便民服务券的形式作为残疾人的支付手
段，商家提供服务后，残疾人以服务券代替现金支付，
但是这种服务券存在人工盖章程序烦琐和付出印制成本
等不足。2017 年 7 月，区残联开始尝试以二维码充值的
形式发放给残疾人服务费用，并且借此进一步整合了
297 家服务商家和社区医疗机构，初步形成了完整的服

务内容和服务链，构建了一个集残疾人助餐、助洁、助医、助急和政府监督于一体的互动交流管理和服务平台，即"一码通"。

（2）龙子湖区政府购买案例的不足。

第一，服务对象观念落后，服务内容单一。根据华荣远诚居家托养和阳光家园项目统计，截至 2019 年 6 月 17 日，超过 99% 的订单都是给残疾人代购米油等基本生活用品，只有不到 1% 的订单用于购买其他服务。相对于不断升级的多样化的服务内容，残疾人购买具体服务的比重没有明显变化。居家托养中绝大部分财政资金依然还是用来代购了商品，只有很小的一部分用于非经济事务。这种现象无形中降低了服务企业的积极性和创新力，也违背了政府购买公共服务的初衷，从而影响了政府在此领域进一步探索的积极性。这种现象本质上反映出了政府的政策意图与特殊群体的实际需求和需求理念存在着偏差。

第二，居家托养专业人员严重缺乏。当前，我国残疾人托养服务工作还处于初级阶段，托养服务机构"杂而不活、小而不强、少而不专"，远远不能满足残疾人的需要。在医疗救助方面，由于医疗资源匮乏，许多服务商家上门应诊和送诊的积极性不高；在服务机构中，专业人员比例低于50%，服务人员很难向残疾人提供较为规范的服务，管理者也缺乏必要的专业认知，对康复护理知识一知半解。除此之外，由于服务对象大多是重度肢体、精神和智力残疾人，对服务人员的业务素养和沟通技巧都有一定的要求，容易发生误解和投诉。

第三，社会组织经济回报低，缺乏积极性和竞争力。政府购买公共服务无疑会给社会组织带来巨大的机遇，但是由于某些公共领域经济回报低，见效慢，导致服务机构数量较少，发展缓慢。龙子湖区购买残疾人居家托养服务的两家机构都是近几年成立的，这类行业在我国还属于新兴行业，实力比较弱、规模比较小、功能比较窄，正处于发育期。然而，民生领域尤其是特殊人群对服务质量的感知差异较大，对服务方式的要求较高，而且经济回报低，因而使得这些服务机构对政府购买公共服务缺乏信心，削弱了社会组织在政府购买公共服务实践上主动探索的积极性。差异大、高标准、回报低已成为制约我国政府购买公共服务发展的重要因素，也是一个无法忽视的挑战。

与此同时，财政支持十分有限，又进一步限制了社会组织的发展。2016～2018 年，蚌埠市残联用于居家托养项目的财政资金总共21.6 万元，并不再拨付 2019 年以后的托养费用。因此，龙子湖区残联只能向区财政申请支持以继续开展居家托养服务工作。

第四，基础设施相当薄弱。龙子湖区政府在购买残疾人居家托养服务的实践中，在服务内容上，从家政、代购和简单医护上逐步丰富发展。2019 年，华荣远诚利用其居家托养指挥中心的优势，增加了日间照料和免费的文体娱乐服务。但是其指挥中心位于蚌山区工农路附近，距离辖区最近也要 4 千米，这对于重度残疾人的出行无疑是一个阻碍。目前，龙子湖区辖区内依然缺少成熟的托养设施，以就近满足残疾人的托养需求。

8. 提升政府购买公共服务绩效的对策思考

实践表明，加强政府购买公共服务规范性建设势在必行。一是作为购买主体的政府要充分发挥主导作用，制定和完善相关制度体系，规范购买流程，培育和扶持社会组织发展；二是作为承接主体的社会组织，要积极加强内涵建设，实现管理和服务的专业化、规范化、科学化；三是健全工作机制，按照政府主导、部门负责、社会参与、共同监督的要求，确保工作规范有序开展；四是加强绩效管理，建立健全由购买主体、服务对象及第三方组成的综合性评审机制。

五、课程思政教学反思

（一）教师要增强课程思政的意识

改革开放以来，受人力资本理论以及人本主义、科学主义等教育思想的影响，教育的经济功能和专业逻辑被片面放大，功利主义教育观、专业主义教育观盛行，教育的政治功能弱化（郝德永，2021）。表现在高校的教育实践中，专业教育和思政教育"两张皮"问题突出，思政教育面临"孤岛"困境,"立德树人"这一教育的根本任务难以实现。

习近平总书记指出,"我国是中国共产党领导的社会主义国家,这就决定了我们的教育必须把培养社会主义建设者和接班人作为根本任务,培养一代又一代拥护中国共产党领导和我国社会主义制度、立志为中国特色社会主义奋斗终身的有用人才"①,并要求"各门课都要守好一段渠、种好责任田,使各类课程与思想政治理论课同向同行,形成协同效应"②。习近平总书记的讲话和要求为加强专业课程的思政教育指明了方向,教师要在专业课程的教学中将价值塑造、知识传授和能力培养三者融为一体,帮助学生树立正确的世界观、人生观、价值观。

(二)教师要提高课程思政的能力

《高等学校课程思政建设指导纲要》指出,"要紧紧抓住教师队伍'主力军'、课程建设'主战场'、课堂教学'主渠道'",构建"三全育人"的大格局。无论课程建设还是课堂教学,都是由教师主导完成的,因此,加强教师的课程思政能力至关重要。提高教师的课程思政能力,必须做到以下几点:

第一,加强课程建设。课程是人才培养的基本载体,也

---

① 习近平. 坚持中国特色社会主义发展道路 培养德智体美劳全面发展的社会主义建设者和接班人 [N].人民日报,2018 - 09 - 11(1).
② 习近平. 把思想政治工作贯穿教育教学全过程 [EB/OL]. (2016 - 12 - 08) [2022 - 11 - 13]. http://www. xinhuanet. com/politics/2016 - 12/08/c_1120082577. htm.

是实施课程思政的基本要素。课程思政要求教师要遵循课程建设规律，充分挖掘课程中蕴含的思政元素，实现思政教育的"润物无声"，以达到课程育人的效果。公共管理学作为一门研究公共管理活动及其规律的应用性学科，公共管理活动的现实性、复杂性决定了教师要时刻关注我国公共管理改革实践中的一些新理念、新经验、新概念，并及时将最新科研成果转化为教学内容，促进学生更好地理解和掌握公共管理的基本理论，丰富学生公共管理的感性认识。

第二，加强教学方法的研究。习近平总书记指出："好的思想政治工作应该像盐，但不能光吃盐，最好的方式是将盐溶解到各种食物中自然而然吸收。"① 如何将课程中蕴含着的理想信念、人文素养、科学精神、道德情操等思政元素挖掘出来并融入课程教学，教师必须要加强教学方法的研究，针对不同情形要采取不同的教学方法。就公共管理学这门课程而言，在初始阶段还是要采用常用的课堂讲授方法更为合适，力争学生在短期内把握公共管理的知识体系和结构，随着学生公共管理的理性认识越来越深刻，实践感知越来越丰富，案例教学应成为主要的教学方法。另外，在课堂讲授、案例教学的过程中，还要辅之以课堂讨论、自学指导、阶段性的科研训练等其他教学方法，组成教学方法系统，发挥系统的综合效应。

---

① 习近平. 把思想政治工作贯穿教育教学全过程 [EB/OL]. (2016 – 12 – 08) [2022 – 09 – 20]. http：//www. xinhuanet. com/politics/2016 – 12/08/c_1120082577. htm.

六、教学课件展示

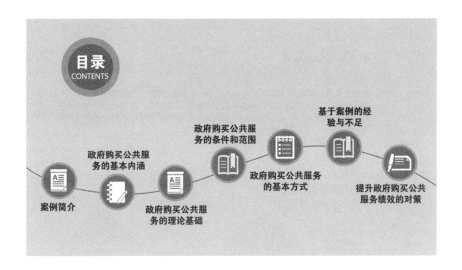

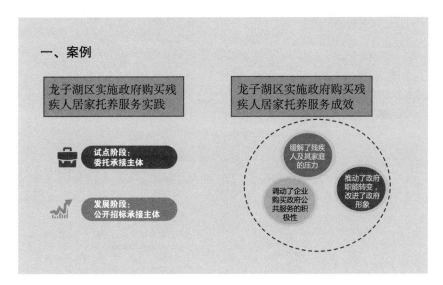

二、政府购买公共服务的基本内涵

公共服务

广义上，政府履行其职能时的所有产出品，都可以称为公共服务；
狭义上，支撑经济社会正常运转、直接满足全体或部分公民生产、生活需要的服务项目和服务过程。

政府购买公共服务

将原来由政府直接提供的公共服务事项交由社会组织完成，并根据社会组织提供的公共服务数量和质量确定服务费用的一种新的公共服务提供方式。
政府购买公共服务是公共服务提供机制市场化、民营化、社会化的一种制度安排，其实质是通过引入市场机制，提高公共财政的使用效率，增强公共服务的供给效力，从而更有效地满足社会公共服务需求。

1. 起源：西方福利国家危机

新公共管理运动的兴起和发展

政府在公共服务提供上的低效率引起公众的不满

社会组织得到发展和壮大

公众对公共服务的需要日益增长

2. 政府购买公共服务的主体

承接主体

理论上，包括有能力承接公共服务具体供应工作的所有组织和个人。当前，在我国包括以下三类：一是非财政全额保障的事业单位，例如公益二类、公益三类的事业单位；二是社会组织，包括民办非企业单位、基金会、社会团体等；三是私人部门和个人。

购买主体

依法承担行政管理职能，经费由财政预算保障的行政机关、事业单位和群团组织。

使用主体

公共服务的最终需求者，根据服务性质和服务对象的不同，使用主体也不同。例如，为政府提供决策咨询的公共服务，其使用主体就是政府部门，而前述案例中的使用主体则是辖区内的残疾人。

三、政府购买公共服务的理论基础

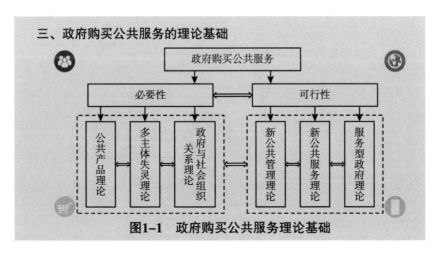

图1-1　政府购买公共服务理论基础

四、政府购买公共服务的条件和适用范围

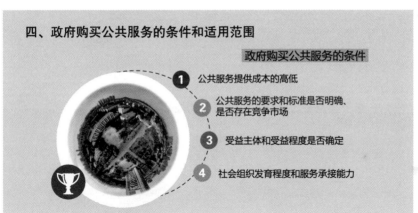

政府购买公共服务的条件

1 公共服务提供成本的高低

2 公共服务的要求和标准是否明确、是否存在竞争市场

3 受益主体和受益程度是否确定

4 社会组织发育程度和服务承接能力

政府购买公共服务的适用范围

行政管理类公共服务
不能政府购买，但为支撑政府履职服务的部分中间投入品可以向市场购买。

公益性公共服务
可以政府购买。

介于二者之间的公共服务
政府和市场都可以生产，但应优先考虑政府购买。

五、政府购买公共服务的基本方式

将原来由政府直接生产的公共服务事项通过公开招标等方式交给有资质的社会组织完成，根据中标者所提供服务的数量和质量支付服务费用。合同外包适合服务标准、数量、质量比较明确的公共服务，其实质是对生产者进行竞争性选择。这种方式在实施过程中，合同条款必须要完备、全面，包括双方的权利和义务、服务的质量标准和规格等。

适合积极参与公共服务项目、收益明显低于成本，甚至没有收益的市场主体，例如，向社区居民免费提供阅读、健身等公共服务的组织或个人。补助和奖励的方式既可以是财政直接补贴，也可以采用税收优惠的方式。

适合难以明确质量标准和规格的，与消费者主观感知联系比较密切的公共服务项目，例如本案例中的残疾人居家托养服务。不同于合同外包，凭单制是直接补贴给消费者，赋予消费者更多的选择权，服务组织以凭单领取政府补贴。实行凭单制的前提条件是，某项公共服务的市场提供主体较多，竞争比较充分。

六、基于案例看政府购买公共服务的经验与不足

政府购买公共服务的经验

在起步阶段，适合采取委托的方式来确定承接主体。在发展阶段，由于积累了一些经验，相关部门可以自主开展残疾人居家托养服务工作，此时适宜采取公开招标的方式确定承接主体。

在起步阶段，龙子湖区残联采取传统的便民服务券的形式作为支付手段。随后，开始尝试以二维码充值的形式发放给残疾人服务费用，并且借此进一步整合服务机构，初步形成完整的服务内容和服务链，构建了一个集残疾人助餐、助洁、助医、助急和政府监督于一体的互动交流管理和服务平台，即"一码通"。

政 社 合 作　　　　服 务 方 式

在起步阶段，服务内容相对单一，主要包括该项事务的基本内容。随着经验的不断积累，服务内容越来越丰富延长了服务链，提高了残疾人服务的满意度。

政府购买公共服务的不足

服务对象观念有待更新

根据已实施的项目统计，绝大部分订单都是给残疾人代购基本生活用品，只有很小的一部分用于非经济事务。这种现象本质上反映出了政府的政策意图与特殊群体的实际需求和需求理念存在着偏差。

专业人员严重缺乏

托养服务机构"杂而不活、小而不强、少而不专"，不能满足残疾人的需要。服务机构中，专业人员比例很低，服务人员很难向残疾人提供较为规范的服务，管理者也缺乏必要的专业认知。

承接主体经济回报低

民生领域尤其是特殊人群对服务质量的感知差异较大，成为制约我国政府购买公共服务发展的重要因素，导致服务机构对政府购买公共服务缺乏信心，削弱了其主动探索的积极性。

基础设施薄弱

以华荣远诚为例，其指挥中心位于蚌山区工农路附近，距离辖区最近也超过4千米，这对于重度残疾人的出行无疑是一个阻碍。

七、提升政府购买公共服务绩效的对策

购买主体

充分发挥政府主导作用，制定和完善相关制度体系，规范购买流程，培育和扶持社会组织。

承接主体

积极加强内涵建设，实现管理和服务的专业化、规范化、科学化。

工作机制

健全工作机制，按照政府主导、部门负责、社会参与、共同监督的要求，确保工作规范有序开展。

绩效管理

建立健全由购买主体、服务对象及第三方组成的综合性评审机制。

第二章　劳动经济学课程思政
——已婚妇女劳动参与

一、课程教学目标

（1）重点掌握个体在生命周期不同阶段的工作决策行为。

（2）了解已婚劳动妇女劳动参与的变化、特点及其影响因素。

二、思政育人目标

（1）帮助学生正确认识个体劳动参与在生命周期中的工作决策行为，培育学生"经世济民"的职业素养，增强学生的社会责任感和使命感。

（2）通过解读已婚劳动妇女劳动参与的变化、特点以及影响因素，引导学生以自觉自信、积极豁达的心态面对人生各个阶段与劳动力市场关系的动态变化，弘扬平等、公正的核心价值观。

（3）加强劳动价值观的塑造，发挥"思政劳育"铸魂领航的作用。

三、课程思政教育融入点

（一）已婚妇女劳动参与变化与社会女性就业现状

劳动经济学是一门贴近生活、很接地气的课程，其中，已婚劳动妇女的劳动参与更是值得大家关注。在社交媒体上，我们往往会看见新闻报道某某公司辞退怀孕妇女或休完产假的妇女被降职等事件，这引起老师和学生们的积极讨论与思考。已婚妇女会不会受到劳动力市场歧视？已婚妇女的劳动力参与又是如何变化的？影响已婚劳动妇女劳动力参与变化的因素有哪些呢？带着以上问题进入"已婚妇女的劳动参与"这个主题的学习。带领学生查看一组各国劳动参与率变化的数据，引导学生利用经济数据来进行系统分析，提升同学们分析问题的思维和能力。通过数据可以看出各国女性的劳动参与率都经历了较为明显的上升。究其原因，女性劳动参与率上升主要是社会环境变化引起的，引导学生要具有公平公正的社会意识，男性女性都处于社会公平公正的大环境之下，保障妇女获得平等的就业机会和分享经济资源的权利，提高妇女的经济地位。

考察已婚妇女的劳动参与问题，首先，必须认识到家庭中的闲暇和工作选择，以及工作方面的家庭—市场两分法对于分析已婚妇女劳动参与的重要性。其次，考虑已婚妇女在闲暇、家务劳动和市场工作三者之间进行的相关选择。引导学生将自己带入将要参加工作的环境之下，对劳动参与进行选择，从而达到效率最大化，强调社会需要与个体需要、社会价值与个体价值的统一，以此营造个人和社会双赢的局面。因此，指导学生将劳动经济学的专业教育与自身的伦理教育相融合，可以极大地增加学生的亲切感与认同感，使学生在专业知识的学习中自觉接受了行业规范和伦理道德教育，更加清楚地认识到自己作为未来职业人所担负的行业责任和使命。

（二）已婚妇女劳动参与特点、影响因素与大学生就业的关系

从整个生命周期来看，妇女的劳动力供给相比较而言比较特殊。众所周知，女性的年龄达到一定阶段后，需要承担生育与抚育子女的责任。另外，传统观念也使妇女在家庭生活中承担了大部分的家庭劳动，这就导致女性有可能暂时退出劳动力市场。随着个体情况的不同，退出劳动力市场的女性会选择不同的时间段重新进入劳动力市场，这就使得妇女在生命周期内的劳动力供给曲线呈现"M"形特点。引导学生对女性劳动力供给曲线呈现出的"M"形有一定的认知与了解，使同学们认识到虽然不同个体的特点存

在一定的共性，但其各自对市场活动的时间选择还是会存在差异。在"M"形就业的低谷阶段，鼓励女性同学在就业低谷阶段要积极调整自己的心态，承担起每一个阶段的责任，不逃避现状，勇于接受人生各个阶段与劳动力市场关系的动态变化。与此同时，引导男同学要主动承担男子汉大丈夫的责任，分担照顾家庭与孩子的重任，减轻妻子的压力，以小家的幸福美满来促进国家的繁荣富强。

已婚妇女劳动参与同社会生活息息相关，某公司辞退怀孕妇女或休完产假的妇女被降职等事件屡次发生。积极引导学生发掘这些事件的原因，这些事件的发生说明在劳动力就业市场中已婚妇女面临着就业歧视等问题，如何改变已婚妇女就业歧视的现状，国家要积极促进男女平等和创新完善妇女全面发展的制度机制，引导学生树立公平公正的社会理念。锻炼学生分析问题的公正视角与辩证思维方式，在社会公平公正的大环境之下，完善相关的法律法规，在一定程度上减轻女性就业歧视现状，提高妇女的经济地位，为女性就业保驾护航，促进社会和谐发展。假如学生在就业时受到歧视，应当鼓励学生通过法律途径对自己的权益进行维护，建设法治国家。

影响已婚妇女劳动参与的因素除了我们常见的家庭收入、市场工资率以及实际工资率，还与照看孩子成本、丈夫的就业情况和实际就业能力有关。引导学生要全面地考虑问题，不能只看到事情的一个原因，要多维度地思考问题。国家鼓励妇女生育三孩，逐步完善相关的配套措施，政府为已婚妇女提供政策帮助，提升妇女的获得感、幸福感与安全感。积极引导学生爱党爱国，树立正确的人生观与价值观，提升学生的民族认同感和自豪感。

四、课程思政实施

（一）新课导入环节

女性走出家庭，进入社会就业已经成为当今世界的普遍现象。在现代社会，女性的劳动参与率一直以来都是一个重要的研究课题，美国统计局、劳工部自 2006 年起连续七年发布的数据显示，中国女性劳动参与率高于 70%，居各国榜首，这可能与中国人"勤劳踏实"的文化传统以及政府对女性权益的充分解放有紧密联系（乐章和张艺珂，2019）。近年来，中国劳动力市场已逐步走向成熟，女性选择参与市场劳动的自由度增大，但中国女性的劳动参与率却呈现出逐年递减的趋势。在老龄化程度日益加深、"人口红利"逐渐消弭的背景下，如何使女性的劳动参与率保持在较高的水平上，以便更充分地开发劳动力资源，这是关系到人口结构变化条件下中国经济可持续发展的动力机制问题，对中国女性劳动参与率变化及其原因的回答，具有重要的现实意义。由于已婚妇女在家庭中扮演了极其重要的角色，已婚妇女劳动参与有何变化与特点？影响已婚妇女劳动参与的因素又有哪些？这些问题成为本章课程要重点讨论的问题。

思考：已婚妇女劳动参与有何变化？其劳动参与率是提高了还是下降了？

[案例 2 - 1] 从 20 世纪 60 年代中期到 21 世纪初叶，各国的劳动参与率都经历了小幅的上升。通过进一步的观察我们可以发现，各国男性的劳动参与率都有所下降，这其中仅有日本是一个例外；相反，各国女性的劳动参与率都经历了较为明显的上升。因此我们可以认为，在过去的三四十年间，劳动力市场中一个主要的变化就是女性劳动力的大量加入。也正是如此，尽管男性劳动参与率出现了下降，然而总体的劳动参与率还是处在上升状态中（见表 2 - 1）。

表 2 - 1　工业国劳动参与率变化情况（15 ~ 64 岁人口）　单位:%

国家	总体			男性			女性		
	1966 年	1993 年	2005 年	1966 年	1993 年	2005 年	1966 年	1993 年	2005 年
澳大利亚	68.1	74.9	75.5	94.6	85.0	82.7	42.0	62.5	68.4
加拿大	64.5	72.2	77.8	89.4	78.9	82.5	38.0	65.4	73.1
日本	72.0	75.9	72.6	88.6	90.1	84.4	56.2	61.7	60.8
瑞典	75.5	78.5	80.1	94.1	80.3	82.5	56.5	76.5	77.7
英国	74.4	74.9	76.1	95.7	84.3	82.8	51.4	64.3	69.7
美国	68.7	76.8	75.4	91.2	84.5	81.8	46.8	69.1	69.2

资料来源：数据源自 OECD 数据库。

讨论：分组讨论妇女过去和现在的就业情况。

（二）已婚妇女劳动参与的变化

要考察已婚妇女的劳动参与问题，首先，必须认识到家庭中的闲暇和工作选择以及工作方面的家庭—市场两分法对于分析已婚妇女劳动参与的重要性。其次，考虑已婚妇女在闲暇、家务劳动和市场中工作三者之间进行的相关选择。

在给定家庭物品和闲暇的需求收入弹性的情况下，收入对于在市场中工作与在家庭中劳动的不同时数所产生的影响取决于家庭生产或消费被替代的难易程度。替代性越小，有关家务劳动时数的负收入效应越弱，而有关市场工作时数的收入效应越强。

总体来讲，可以认为已婚妇女所提供的市场劳动力数量就是其婚后生活中参与劳动力的那部分。如果将单个妇女一生的劳动活动在时间上的分布加以抽象，那么我们就能够通过转换而得出一个大概的妇女人口群体的劳动力参与率。

[案例 2 - 2] 就广大的农村妇女而言，已婚妇女是目前农村女性的主要群体。因大多数农村青壮年男性长期外出务工，上有老下有小的重担早已交付给留守家中的女性，她们几乎人人都是家里真正的顶梁柱，"四重""三偏""三少"现象突出。"四重"即家庭负担重，家庭责任重，家庭事务重，精神压力重；"三偏"即文化程度偏低，劳动

技能偏低，身体状况偏差；"三少"即外出活动少，夫妻见面少，日常开销少。一方面，她们要照顾家里老人孩子和生产劳作；另一方面，家庭运转也需要必要的开销，务工成为她们的主要选择之一。

农村女性劳动用工特征显著，一是就业领域狭窄。要求低、有收入、离家近是大多数农村妇女的择业标准，兼职性的工作最受欢迎。在我国，除了东南部区域经济发达的农村地区有大中型企业以外，多数农村小微企业居多。就当地的小微企业而言，能吸纳的农村妇女相当有限，保洁员、服务员、操作工、保姆等临时性工作是农村妇女的首选，主要限定在农副产品粗加工、小手工制造、机械小配件加工、打扫卫生、看护老人孩子等就业范围。二是就业渠道单一。绝大多数农村女性的就业途径是通过亲朋好友介绍的，她们也认为这种方式最安全最可靠，很少有人会通过中介去寻找工作。从心理上讲，农村妇女认为中介是外人，和中介打交道等于是和陌生人打交道，况且介绍工作要收费，担心上当受骗，加之农村缺少专门为农村妇女就业服务的工作机构，就业信息相对闭塞等情况，她们感觉还是亲帮亲、邻帮邻的更踏实。三是非正规就业成为主流。当下农村妇女基本都是以非正规就业为主，这是目前中国农村妇女就业状况的发展趋势，其中就近就业是农村女性就业的关键点。她们自身文化水平低、缺少职业技能，工作难度小、可以照顾家，就能满足农村女性全部工作需求。受地区、综合素质等因素的限制，辅助性、服务性、临时性的工作岗位上，农村女性居多数。四是非农业领域就业人数增加。越来越多的农村妇女放弃农业劳动转向非农就业，从事非农劳动的比例在进一步扩大。还有在从事农业劳动的同时从事其他劳动获取收入的农村妇女，人数也在继续扩大。特别是外出务工拓宽了农村妇女的视野，非农就业能力显著增强，有外出务工经历的返乡妇女从事非农劳动的比例达到 37.8%，比从未外出务工的农村妇女高16.3 个百分点。

资料来源：徐良. 乡村振兴视域下农村妇女技能就业创业实践路径探析——以青海海东青绣产业为例 [J]. 天津市工会管理干部学院学报，2022，39（1）：49–55.

思考：促进农村已婚妇女非农就业的对策有哪些？

（三）已婚妇女劳动参与的特点

（1）从短期来看，劳动参与转换是已婚妇女劳动参与行为的显著特点。生命周期使已婚妇女对于家务劳动、闲暇的需求以及它们各自的边际成本都发生了变动。这些变动反映在劳动参与率与妇女的年龄、是否有孩子、孩子的数量和孩子的年龄之间的关系上。此外，其他家庭成员特别是户主的工资率、就业机会、收入和就业条件的周期性变动与随机性变动也有可能引起已婚妇女劳动参与率的变化。

（2）妇女在生命周期内的劳动力供给曲线呈现"M"

形，在妇女年轻和中年时会出现劳动力供给的峰值，而在其他时间段内则更多地从事家庭劳动。从整个生命周期来看，妇女的劳动力供给相比较而言也较为特殊。众所周知，女性需要承担生育与抚育子女的责任，另外传统观念也使得妇女在家庭生活中承担了大部分的家庭劳动。为了更好地承担生育与抚育子女的责任，一些女性会选择在孩子出生到孩子长大之前这段时间暂时退出劳动力市场。当然，由于个体情况的不同，退出劳动力市场的时间长短也不尽相同。有些妇女选择在孕期到哺乳期这段时间退出劳动力市场，在生产过后休息一段较短的时间便开始重新寻找工作。而还有一些妇女会等到子女进入小学之后才开始重新进入劳动力市场。也有一部分妇女在怀孕之后选择在较长的时间段内退出劳动力市场，直到子女成年以后才开始重新进入劳动力市场。

思考：已婚妇女劳动供给曲线为何呈现"**M**"形特征？

（四）影响已婚妇女劳动力参与的因素

已婚女性的劳动力参与受到家庭收入、市场工资率、实际工资率以及照看孩子成本的影响。在劳动力供给不足时，为了提高已婚妇女的劳动参与率，部分西方发达国家政府会提供一项特殊的补助用于照看孩子，使贫困家庭能够有钱雇用保姆代为照看孩子，从而吸引更多贫困家庭的已婚妇女参与到劳动力市场中来。在讨论已婚妇女的劳动参与时必须要考虑其丈夫的实际就业能力。

[**案例 2 - 3**] 劳动参与一直是劳动经济学研究的热点，业界普遍认为，女性的劳动参与问题相对于男性而言更为敏感。伴随着我国劳动力市场的深化改革以及城镇化的发展，已婚女性既是维护家庭活动的主要角色，也是创造家庭收入的重要一员。女性参与劳动市场，不仅能为国家、社会的经济做出重要贡献，同时也能提高家庭收入水平，改善家庭生活质量。随着社会经济的发展，女性人力资本的积累及其获得劳动收入的能力不断提高，其维护自身权益的意识和能力在不断增强。在进行劳动参与决策时，已婚女性开始从依赖丈夫收入的"被动状态"转向根据自我发展需求、家庭地位提升需求而进行的"主动选择"。

晏女士，小学文化，企业临时工。她以前一直在家从事农业生产，但由于大坪村限耕政策的出现，没有了农业生产的经济收入来源，加之其两个女儿在上学，家庭经济压力增大，于是晏女士选择就近就业。

晏女士：我每天天没亮就出门去上班，天黑了才回家。因为我在工厂里面做点手工活，都是按计件拿工资的，有时候做得多1个月才2000多块钱。虽然我男人也是打工，但是他随随便便在市里做点事，一个月就有四五千的工资收入。

大坪村周围共有4家企业，都是民营企业，主要从事农副产品粗加工以及汽车零件加工，规模不一，但都是小微型企业，实力有限，能够接纳的工作人员数量不多。大坪村已婚妇女在上述企业当中，大部分都是从事手工活，工作简单但薪资较低，而她们的丈夫大都进城务工，每个月工资都远远高于农村已婚妇女。

刘女士，初中文化，餐厅服务员。

刘女士：因为我文化程度不高，自己也没有一门手艺，所以像我们这种就只能找点工资低、对专业技能要求不高的工作。这些年我在工厂流水线干过，有一次因为我自己操作机器不当还受过伤。我也在宾馆当过保洁，反正基本上工作难度低只需要出力的工作我都干过。

非正规就业是目前中国农村已婚妇女就业的整体发展趋势。因为目前国家经济发展状态限制，除了南方发达地区农村经济建设良好，有中大型企业存在，大部分农村地区企业都以小微型为主。小微型企业本身容纳职工数量有限，留给农村已婚妇女的位置更少，而农村已婚妇女文化水平低，缺少专业工作技能，因此除了保洁、服务员、保姆之外，就只能在企业从事临时工，临时工相对保洁、服务员薪资待遇略高，但是缺少必要的生活医疗保障，很多基础性手工加工工作带有危险性，对农村已婚妇女的身体也会造成一定影响。

唐女士，小学文化，保姆。

唐女士：我的工作是通过亲戚朋友介绍找到的，我们一般碰到什么好工作都会留个心眼儿，介绍给自己身边需要找工作的亲戚朋友。我们觉得去中介找工作还得付钱给中介，也容易被骗，所以还不如靠朋友介绍或者自己去找工作靠谱。

付女士，初中文化，工厂临时工。

付女士：我家里还有老人小孩需要照顾，所以不能去市里找工作，只能在家附近工作，并且我自己的文化水平不高，也没有一项技能手艺，而对于那些自己不熟悉的工作也不敢去做。正好我家附近的工厂需要临时工，虽然工资低点工作比较辛苦，但是我在这里工作既能赚钱又能照顾家里。

资料来源：佚名．农村已婚妇女就业难，了解农村妇女就业现状，为自己出谋划策［EB/OL］．［2019－02－15］https：//baijia hao. baidu. com/s？id＝1625508975714785583.

思考：案例中影响已婚妇女劳动参与的影响因素以及选择其工作岗位的原因？

（五）课程思政具体设计

本部分课程思政教学具体设计如表2－2所示，主要分为六个部分：第一部分主要是导入新课，通过观看视频，让学生了解已婚妇女劳动参与的背景，提高学生的平等意识。第二部分主要是信息交互，使学生能够清晰地了解已婚妇女劳动参与的变化和特点，在课堂互动中增强学生的参与感、提高学生的积极性和主动性、锻炼学生的表达能力。第三部分主要是概念交互，理解已婚妇女劳动参与的影响因素，培养学生的自主学习能力。第四部分主要是沉浸式交互，请学生通过身边的真实事例聊一聊已婚妇女的劳动参与，与现实生活接轨，将专业知识转化运用到生活中，锻炼学生专业知识的转化能力。第五部分是挑战与提升，弘扬平等公正的社会主义核心价值观，多维度理解已婚妇女劳动参与，明确个体在生命周期中期的工作决策行为，提高学生在不同阶段转变心态的能力。第六部分主要是课堂小结，进行学习反馈与总结，加深学生对已婚妇女劳动参与的认识，加强小组团队合作，培养学生的团队合作意识。

表 2 - 2　　　　　　　　课程思政教学设计

主要环节	学生活动	教师活动	学习目标	思政融入	时间
导入新课	看视频	讲解已婚妇女劳动参与的背景	了解已婚妇女劳动参与的背景	提高学生的平等意识	2分钟
信息交互（已婚妇女劳动参与的变化和特点）	说一说：分组讨论已婚妇女过去和现在的就业情况，了解现状	参与一组的讨论	能够了解已婚妇女劳动参与的变化	增强学生的参与感	4分钟
	谈一谈：小组成员合作，找出其特点	参与一组的活动	掌握已婚妇女劳动参与的特点	提高学生的积极性与主动性	4分钟
	讲一讲：选取小组代表进行课堂展示，加深认识	组织学生展示学习成果	深入了解已婚妇女劳动参与的特点	锻炼学生的表达能力	4分钟
概念交互（影响因素）	议一议：分组讨论其影响因素	参与一组的讨论	理解已婚妇女劳动参与的影响因素	培养学生的自主学习能力	8分钟

续表

主要环节	学生活动	教师活动	学习目标	思政融入	时间
沉浸式交互	聊一聊：从自己身边的真实事例聊一聊已婚妇女的劳动参与	要求学生认真说一下自己的感想，并组织评议	重点是与现实生活接轨，将专业知识转化运用到生活当中	锻炼学生的专业知识转化能力	8分钟
挑战与提升（弘扬平等公正的社会主义核心价值观）	评一评：自由发言，多维度了解已婚妇女的劳动参与	组织学生发言，小结与评价	多维度理解已婚妇女劳动参与	增强学生的探究能力	5分钟
	论一论：已婚妇女劳动参与与个人劳动参与	参与一组的讨论	明确个体在生命周期中期的工作决策行为	提高学生在不同阶段转变心态的能力	7分钟
课堂小结（学习反馈）	结合教材的表述、课堂讨论中其他同学的观点，深入思考平等公正的社会现象	教师小结，评价学生的课堂表现	加深对已婚妇女劳动参与的认识，加强小组团队合作	培养学生的团结合作意识	3分钟

五、课程思政教学反思

专业课程思政教育教学改革的总体目标是：立足于高校思想政治教育目标和专业人才培养目标，结合专业课程的课程属性及知识特点，通过多个途径和手段，将思政教育融入专业课程教学的全过程中，全面落实立德树人的理念，实现高校人才培养目标。在劳动经济学课程思政建设中，更加需要突出学生学习的主体地位，激发学生的学习兴趣，形成公正、平等的学习气氛，引导学生透过劳动力市场中的纷繁现象探究其背后蕴含的经济学规律，有助于培养学生的创新精神，提高学生的实践能力、终身学习能力和适应社会生活的能力，从而全面提高人才培养的质量，更好地满足社会发展对高素质人才的需求。

在劳动经济学课程思政建设中，教师是教书育人实施的主体，也是课堂教学的第一责任人，教师需要一人分饰多角，要担任教学的管理者、组织者、监控者、指导者和参与者等角色。课程内容的策划、教学方式的组织、课堂的管理都需要教师的积极投入和深入思考。课程思政建设的成效在学生。学校的一切教育教学活动的根本目的在于培养出更高质量的人才。因此，"课程思政"改革的效果如何，最终必须以学生的获得感为检验标准。

（一）从教学思想看：育人之本，立德铸魂

课程思政教学既需要理性的成分，更需要情感的投入。只有把理性和感性充分结合起来，彰显高尚的情怀，课程思政教学才算成功。因此，反思在教学中是否厚植家国情怀，是否充分彰显平等精神，是否始终积极关注社会热点、关注时代问题，将支撑中华民族生生不息的精神薪火相传。

同时，反思在教学中是否体现使命担当，将实现中华民族伟大复兴、实现人民群众对美好生活的向往作为课程思政教学的重点议题，培养学生的爱国之情、报国之志，引导受教育者在新时代新征程中扛起使命、书写华章。特别是在"已婚妇女的劳动参与"一课的教学中重点突出平等公正这一主题，引起学生的价值认同与情感共鸣。后续的教学中，在创新课程思政工作机制、提升教师素质和育人能力、调动"教师教"与"学生学"的积极性、激发学生学习的主动性、完善学生管理与评价机制等方面进行探索，以期进一步提升课程思政的实施效果。

（二）从教学实践看，因材施教，精准教学

在"已婚妇女的劳动参与"一课的教学中，与学生讨论已婚妇女劳动参与的变化、特点与影响因素，让学生融入课堂实践中，将社会热点与课程思政相结合。课程思政是个新事物，课程思政研究还处于探索阶段。根据现阶段课程思政教学情况，课程思政具体运用模式尚未形成成熟、可复制的实用模式；从实践环节看，很多环节还可深层挖掘，如课前课后、教学管理、教学方法、实践体验、教学评价、教师榜样等环节如何融合课程思政等；从实践方式看，大多倾向于经验总结或一些浅层思辨。据此，后续教学实践可从以下方面强化：一是除了结合国家社会发展时代背景外，还要结合办学特色、区域发展背景、学生知识结构、能力倾向、心理特点、价值取向和未来职场要求等方面来

探索可推广的课程思政实践模式。二是要对实践中的要素、环节、方法、成效及其相互关系等方面进行深入挖掘，及时对经过试验验证了的经验进行有效总结提炼。三是进行综合研究，教学理论实践化，教学实践理论化，使实践突破经验层面，以实践验证修正理论，为理论提供个案，实现理论与实践完美结合，积淀形成有价值的劳动经济学课程思政实践模式。

（三）从教学内容看，解决问题，热情饱满

在"已婚妇女的劳动参与"一课的教学中，以学生为主体，切实了解学生对就业存在的不懂之处以及学习的困难之处，解决学生的现实问题。课程思政教学只有接地气、有温度、有真情，才会使受教育者与之产生共鸣，才能发自内心地认同、接受教育。在实际教学中设身处地地为学生思考问题，何为学生最关心的问题、何为学生最疑惑的问题；在教学中真诚地为学生着想，爱护学生、关心学生。只有想学生之所想，急学生之所急，才能充分激发学生对于价值议题的认同与共鸣。教育本就是动之以情、晓之以理的过程，是情和理交织在一起的过程。心理学研究表明，一个人的情感可以感染其他人，使他人能够产生与之相应的情感，这就是情感共鸣。学生一旦与老师产生了情感共鸣，教育内容就很容易被接受。只有老师真正投入其中，为教学倾注了心血，凸显出教学的价值，方能引起学生的情感共鸣。老师要以饱满的热情投入工作中，在

教学设计过程中不断刻苦钻研，不断提高教育水平和能力，以精湛的专业水平和饱满的热情促进教学设计与学生的情感共鸣。

（四）从教学方法看，引导为主，教授为辅

在"已婚妇女的劳动参与"一课的教学中，采用以学生讨论为主与以教师授课为辅的教学方法，充分激发学生的主动性，参与课堂讨论，对所学知识有一个更加全面的了解。教师的课堂教学方式要灵活多变，如教师讲解、示范朗诵、视频观摩、问题研讨、学生上镜实践等多种方式相结合，既能激发学生的学习热情，又能实现学生在人生与治学方面的双重提升。创新教学方式方法，利用案例教学、微视频、情景教学、线上和线下混合教学等方法，在向学生传授知识的过程中，渗透德育教育，灌输社会主义核心价值观，充分将专业内容与思政元素有机融合，将知识目标、能力目标以及素质目标纳入课程目标设计当中，实现思想政治教育和知识体系教育的有机统一，价值引领和知识传授、能力培养的有机统一，教书和育人的有机统一。

通过"已婚妇女的劳动参与"课程思政建设，期望将学生培养成既有家国情怀又有平等公正意识、既有专业特长又有社会使命感、既有远大理想又能脚踏实地、既有火热激情又有理性思辨的社会主义时代追梦人！

六、教学课件展示

已婚妇女的劳动参与
已婚妇女劳动参与率的变化

提高？　　　　　　　　　　　　　　　　　下降？

学习目标

理解已婚妇女劳动参与的变化

重点掌握已婚妇女劳动参与的特点

掌握已婚妇女劳动参与的因素

引例：已婚妇女劳动参与的变化

- 从20世纪60年代中期到21世纪初叶，各国的劳动力参与率都经历了小幅的上升。通过进一步的观察我们可以发现，各国男性的劳动力参与率都有所下降，这其中仅有日本是一个例外；相反，各国女性的劳动力参与率都经历了较为明显的上升。因此我们可以认为，在过去的三四十年间，劳动力市场中一个主要的变化就是女性劳动力的大量加入。也正是如此，尽管男性劳动力参与率出现了下降，然而总体的劳动力参与率还是处在上升状态中。
- **讨论**：妇女过去和现在的就业情况。

一、已婚妇女劳动参与的变化

- 要考察已婚妇女的劳动参与问题。

- 首先，必须认识到家庭中的闲暇和工作选择以及工作方面的家庭—市场两分法对于分析已婚妇女劳动参与的重要性。

- 然后再考虑已婚妇女在闲暇、家务劳动和市场中工作三者之间进行的相关选择。

二、已婚妇女劳动参与的特点

- 从短期来看，劳动参与转换是已婚妇女劳动参与行为的显著特点。

- 从整个生命周期来看，为了更好地承担生育与教育子女的责任，一些女性会选择在孩子出生到孩子长大之前这一段时间暂时退出劳动力市场。当然，随着个体情况的不同，退出劳动力市场的时间长短也不尽相同。

- 妇女在生命周期内的劳动力供给曲线呈现"M"形。

- 在妇女年轻和中年时会出现劳动力供给的峰值，而在其他时间段内则更多地从事家庭劳动。

三、影响已婚妇女劳动参与的因素

家庭收入

市场工资率以及实际工资率

孩子对于已婚妇女的劳动参与也有显著影响

- 已婚女性的劳动力参与要受到工资率与照看孩子成本的影响。
- 在劳动力供给不足时，为了提高已婚妇女的劳动力参与率，部分西方发达国家政府会提供一项特殊补助用于照看孩子的，使贫困家庭能够有钱雇用保姆代为照看孩子，从而吸引更多的贫困家庭已婚妇女参与到劳动力市场中来。
- 在讨论已婚妇女的劳动参与时必须要考虑其丈夫的实际就业能力。

四、课后线上讨论

- 分组讨论已婚妇女的劳动力供给有何特点？
- 分组讨论影响已婚妇女的劳动参与的其他影响因素？

第三章 劳动经济学课程思政
——退出劳动力市场

一、课程教学目标

（1）知识目标：掌握退休决策的影响因素；理解退休年龄的决定；掌握个体在生命周期中的晚期退出决策行为。

（2）能力目标：能够正确掌握退休决策的影响因素；能够对个体退出劳动力市场的选择做出具体分析。

（3）素养目标：培养正确的学习态度和学习方法，"活到老，学到老"；增加使命感和责任感。

二、思政育人目标

（1）通过学习退休决策的影响因素，积极引导学生关注时事热点问题，使其具有社会责任感和使命感。

（2）通过分析个体退休年龄的选择，引导学生树立终身学习的理念，同时也要学会尊重他人的选择。

（3）加强劳动价值观的塑造，发挥"思政劳育"铸魂领航的作用；提高青年大学生对劳动和劳动者的认同和尊重，使得大学生正确处理个人和社会的辩证关系，投身于实现中华民族伟大复兴的实践中。

三、课程思政教育融入点

（一）通过学习退出劳动力市场决策的影响因素，积极引导学生关注时事热点问题，要具有社会责任感和使命感

除了出于个人兴趣而选择提前或延后退休的情况之外，还有其他一些因素会对人们的退休年龄选择产生影响。这些因素包括社会保障制度、社会环境、个人条件等。首先，一个国家的社会保障制度可以在极大程度上影响到本国公民个人的退休年龄选择。在社会保障制度中，尤其以养老保险的影响最为直接。其次，社会环境，主要包括经济环境与人文环境。经济环境主要指某一国的经济发展总体状况，在达到法定退休年龄之后，个体是否会因生活所迫而不得不继续工作？而人文环境则主要指社会上对于老年人参与工作的态度，人们是否普遍认为老年人应该安心养老，而不应该与年轻人争夺工作机会？是否有更多的人认为老年人的人生阅历更加丰富，工作经验更多，应该适当鼓励

达到法定退休年龄的人继续工作？此外，还应该考虑到劳动力市场上总体就业岗位的数量，这也可能影响到继续就业的情况。最后，除了前面提到的个人兴趣之外，还有一些个人条件方面的因素会影响到退休年龄的选择，主要包括家庭的经济状况以及个人的健康状况。

随着我国人口老龄化进程加快，国家开始实施积极老龄化战略，提出积极开发老龄人力资源和发展银发经济。在延迟退休年龄成为养老保险制度改革势在必行的趋势下，退休决策的影响因素是需要学生主动学习的。引导学生要积极主动关注时事热点问题，关注我国延迟退休政策。"十四五"规划和2035年远景目标纲要明确提出，按照"小步调整、弹性实施、分类推进、统筹兼顾"等原则，逐步延迟法定退休年龄①。个体在生命周期晚期的退出决策行为，每个人都会有老去的一天，每个人都不能置身事外，引导学生树立奉献精神，要具有社会责任感和使命感。在生命周期晚期阶段，要积极引导学生对老年群体延迟退休的关注，培养学生的社会责任意识，为将来更好服务社会打下坚实的知识储备。引导学生正确看待老年人是否继续就业的问题，无论老年人选择就业还是退休，都是老年人实现自我价值的体现，满足其社会需求，让老年人可以为社会建设继续贡献自己的一分力量。

---

① 中华人民共和国国民经济和社会发展第十四个五年规划和2035年远景目标纲要[EB/OL]. (2012 – 03 – 13) [2021 – 08 – 03]. http：// www. gov. cn/xinwen/2021 – 03/13/content_5592681. html.

（二）通过分析个体退休年龄的选择，引导学生树立终身学习的理念同时也要学会尊重他人的选择

　　各国法律都规定了法定的退休年龄。但是并不是每一位公民都严格按照法定退休年龄的规定做出退休决策的。有的人会提前退休，也有的人会选择达到法定退休年龄之后继续工作。个人追求自身效用最大化，在退休年龄的选择上也是如此，如果将来退休的预期收益大于现在退休的收益，那么员工将继续工作。如果个体的实际退休年龄比较早，那么他可能会将自己退休后的闲暇时间延长，这样个体的效用将会得到提高；如果个体选择推后实际退休年龄，那么他所能得到的余生工资收入将增加，对于个体而言也可以提高自身效用。每个人都是一个独立的个体，每个人考虑事情的想法各异，每个人的选择也会因为个人自身而不相同。因此，引导学生尊重每个人的选择，而不应该因为选择不同而去责备他人，要学会尊重他人的选择。当个体选择继续工作时，要给学生灌输"活到老，学到老"的思想理念，要引导学生树立终身学习的思想。

（三）加强劳动价值观的塑造，发挥"思政劳育"铸魂领航的作用

　　个体在一生当中要经历许多不同的阶段，在每个不同的阶段都有不同的特点。生命周期理论揭示了在个体生命周期的不同阶段，其劳动生产率各自有着怎样的特点。根据生命

周期理论，人在不同的阶段需要做出不同的选择。在生命的每个阶段，看问题处理事情的方法不同，引导学生全面思考问题，要从多维度思考解决问题的方法，加强学生劳动价值观的塑造，发挥"思政劳育"铸魂领航的作用。同时引导青年大学生对劳动和劳动者的认同和尊重，使得大学生正确处理个人和社会的辩证关系，投身于实现中华民族伟大复兴的实践中。将思政融入课堂中有利于实现新时代中国强国梦，有利于建设新时代特色一流大学和一流专业，有利于高校各课程内涵式发展，有利于学生健康幸福成长。

四、课程思政实施

（一）新课导入环节

通常来讲，人们会选择在国家法定退休年龄规定的时间做出退休选择。但是，在某些特定情况下，有一部分人会选择提前退休，还有一些人会选择在达到法定退休年龄之后通过单位返聘或到其他用人单位应聘的方式继续工作。事实上，有许多因素在影响着人们对退休年龄的选择。比如有的人乐于工作，不能适应缺少工作的闲暇时光，因此他们会选择在达到法定退休年龄之后从事其他工作。还有的人通过多年的工作积累了一定的财富，而且由于本人比较向往悠闲的生活，因此可能选择在法定退休年龄到来之前提前退休去享受闲暇。

杨燕绥认为，何时进入和退出劳动力市场是个人行为，并不应由政府规定。政府要决定的是劳动者何时领取全额养老金，用政策引导人们多工作，改善自己的老年生活。

讨论：对于我国法定退休年龄同学们了解多少。

（二）退休决策的影响因素

1. 社会保障制度

一个国家的社会保障制度可以在极大程度上影响到本国公民个人退休年龄的选择。在社会保障制度中，尤其以养老保险最为直接。例如，德国养老保险体系由法定养老保险、企业补充养老保险、自愿保险等多种形式组成。德国的养老保险较全面地规定了养老保险的适用范围、资金来源、缴费标准和筹集方法等。其中法定养老保险的来源有两个渠道：一个是雇主和雇员缴纳的养老保险费，这是养老保险资金来源的主要渠道。另一个是国家财政补贴。每年获得国家财政补贴的数额占养老保险的 1/5。养老金根据退休者退休时的工资和工龄长短计算，但最高不超过退休前最后一个月工资的 75%。布伦代尔等利用英国退休调查中 55 岁以上男性劳动者的数据进行研究，认为养老金对退休产生显著的影响，引致提前退休（Blundell et al.，2002）。弗瑞德伯格和韦伯认为养老金的缴费模式对退休时间有一些影响，确定缴费制的养老金使得员工比确定给付制下平均晚退休两年（Friedberg & Webb，2005）。

2. 社会环境

这种社会环境包括了经济环境与人文环境等。经济环境主要指某一国的经济发展总体状况，在达到法定退休年龄之后个体是否有可能为了生活所迫而不得不继续进行劳动？而人文环境则主要是指社会上对于老年人参与工作的态度，社会上是否普遍认为老年人应该安心养老，而不应该再继续工作与年轻人争夺工作机会？还是更多的人认为老年人的人生阅历更丰富，工作经验更多，应该适当鼓励老年人在达到法定退休年龄之后继续工作？此外，还应该考虑到劳动力市场上总体就业机会的多少，这也可能影响到继续就业的情况。

3. 个人条件

除了之前提到的个人兴趣之外，还有一些个人条件方面的因素会影响到退休年龄的选择，这些因素包括家庭的经济状况及个人的健康状况。当家庭的总体经济状况不佳时，个体可能选择在达到法定退休年龄之后继续工作，以使家庭的生活水平维持在一个理想的水平上。另外个人的健康状况也是一个重要的影响因素。如果在一个社会中人们普遍比较长寿，而且身体健康，那么他们更有可能在达到法定退休年龄之后继续工作。科尔以家庭为单位，研究社会保障、私人养老金以及夫妻一方收入对另一方造成的"溢出效应"等对丈夫和妻子退休决策的影响。研究发现"额外工作"每增加1000美元的收入将使男性的退休时间降低0.9%，女性的退休时间降低1.3%。另外，男性对妻子的收入刺激反应较敏感，而女性对丈夫的收入刺激反应不敏感（Colle，2004）。

思考：还有哪些因素会影响个体做出退休决策？

（三）退休年龄的决定

微观经济学理论告诉我们，个人追求自身效用最大化，因此在退休年龄的选择上也是如此，如果将来的预期收益大于现在退休的收益，那么员工将继续工作。

首先假设法定退休年龄为 60 岁，那么为了分析个体的最优退休年龄，需要计算个体退休之时到死亡前的预期余生收入，即工资收入与养老金收入在退休年龄点的现值，如图 3-1 所示。

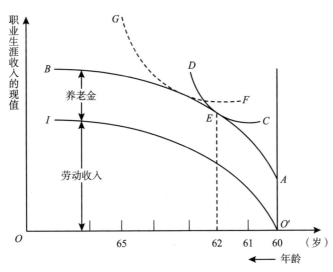

图 3-1　实际退休年龄的决定机制

资料来源：伊兰伯格，史密斯. 现代劳动经济学：理论与公共政策（第 8 版）[M]. 刘昕，译. 北京：中国人民大学出版社，2007.

曲线 AB 表示预期余生收入，在 60 岁的法定退休年龄时依据一定的贴现率进行贴现后的现值，而曲线 $O'I$ 表示劳动收入。随着年龄的增长，由于个体的工资率下降，因此用现在的贴现率除以未来工资收入总值得到的各年工资收入也将下降。所以，$O'I$ 曲线呈逐渐趋向平缓的态势。在工资收入之上加上养老金收入就是曲线 $O'AB$，可以将它看作约束线。

如果个体的实际退休年龄比较早，那么他将延长其退休后的闲暇时间，个体的效用将得到提高；如果个体选择将实际退休年龄推后，那么他所能得到的余生工资收入将上升，对于个体而言也可以提高效用。可以用无差异曲线表示实际退休年龄和余生工资收入之间效用的相互替代。在图 3-1 中，无差异曲线 CD 与约束线 $O'AB$ 的切点 E 可以创造最大的效用，点 E 的垂线与横轴的交点所表示的年龄可以认为是最佳退休年龄。如果养老金金额增加，约束线向右上方移动。由于收入效应的变化，人们将做出实际退休年龄提前的选择。如果工资收入上升，将如前述的劳动力供给分析所示，退休时间的决定会依从于收入效应造成的实际退休年龄下降和替代效应造成的实际退休年龄提高这两个正负效应冲突中作用力更强的那一方。

如果身体健康，不必在家休养，那么推迟实际退休年龄所造成的效用下降的速度不大。因此，无差异曲线的斜率将如曲线 FG 那样变缓。结果，在相同的约束线上，健康人的实际退休年龄可以推迟。

在"劳动力市场的退出与退休年龄"这节思政课堂中，

首先创设情境，将学生带入老年状态，在年老的时候会选择退休还是继续工作，引导学生融入这个情境学习这一章节的内容。对人们的退休年龄选择的影响因素是什么呢？分析退休决策的影响因素，形成初步思考。学生自主分组对周边地区进行实地调研，通过实地调查即将退休人员，收集与整理信息，共享信息资源，进行讨论解决问题，分析退休人员所做的选择，得出退休决策的影响因素，包括社会保障制度、社会环境、个人条件等。教师进行总结，对小组调研结果进行评价，加深学生对知识的了解，锻炼学生的专业知识转化能力。结合国家延迟退休政策，积极引导学生对老年人进行关注，对老年人的行为进行解读，无论老年人选择就业还是退休，都需要实现老年人的自我价值，满足其社会需求，让老年人为社会建设继续贡献自己的一分力量。课程思政思路如图 3－2 所示。

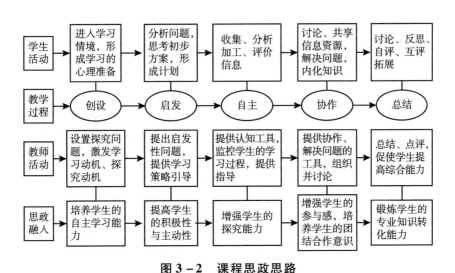

图 3－2　课程思政思路

五、课程思政教学反思

高校培养人才是一项关系到国家未来发展的重大系统工程，课程承载着教育内容，也包含了教育对人的期待。应将备课与讲课精力向突出"立德树人"的内容倾斜，严格把控课程思政的教学过程，充分利用互联网以及通信工具的便捷优势，用更多的投入帮助学生在学习过程中实现升华，完成价值观塑造，为落实"立德树人"做出不懈努力。在课程思政的课堂案例选择上一定要选取典型案例和精选教学内容，为了全面达成教学目标，必须通过调查问卷来评价知识传授和课程思政的达成度，持续改进课程教学。对于课程思政教学备课时间要准备充足，对于课程知识目标、能力目标、素养目标和思政目标要有一个统一认识。教师要注重教学艺术，引导学生主动分析问题、思考问题，在不断启发中让学生感悟自身价值与家国情怀。教师在教授知识的同时一定要深入挖掘课程德育内涵，以理想信念教育为核心，激发学生认知、情感和行为的认同，实现知识传授、能力培养与价值引领的有机结合，真正实现"润物无声"的教书与育人相统一。

1. 教师要严于律己，具有高尚的师德师范

"学高为师，身正为范"，作为教师，要时刻重视职业道德修养，维护自己的形象，做好学生的表率；要不断增强

教书育人的荣誉感和使命感，坚守高尚情操，严于律己，以身作则，在教学过程中奉行和谐友善的教育理念，充分尊重学生、平等对待学生、客观评价学生、关心爱护学生。以明礼诚信的态度处事，友善团结的作风待人，坚持正确的政治方向、淳朴高尚的道德情操、科学缜密的思维方法、严谨求实的治学态度等，时时处处对学生起到潜移默化的表率作用。要使学生具有"温故而知新"和"常常自我阶段检测"的学习认知；具有了解学科前沿的意识，实现科研反哺教学；拥有维护自身价值的意识；具有敢于创新和敢于质疑的批判性思维；拥有生活在幸福国度的满足感与安全感。

2. 备课要进行"思政"切入点讨论，因材施教

教师准备的材料要针对学生的实际情况，有选择地加以使用，不同程度的学生需要选择不同的材料，即使相同的材料也可能要选取不同的角度、不同的侧重点进行讨论；要有一致性，教师提出的观点要与材料相统一，这是理论联系实际的本质要求，观点不能脱离材料，材料也不能成为观点的衬托，要从材料中总结出观点，有理有据，达到育人的目的。课堂融入思政的内容，要做到隐性思政、润物无声。教师本人要以身示范，多参加各种政治学习、业务培训，只有自己拥有正确的价值取向，才能在教学过程中向学生传递正确的人生观、价值观；教师还要树立科学的教育教学理念，让课堂生动起来，融汇多种教学方法和授课方式，提高教学效率；让课堂开放起来，融知识传授、

思维训练和人文情怀培养于一堂，弘扬社会主义核心价值观，从而使课堂教学发挥深化和拓展作用，使思想政治教育与劳动经济学教学协调同步，相得益彰，真正实现知识传授与价值引领相结合，构建全课程育人格局，服务于学生的健康成长。

3. 要有意识地引导学生积极参与，着重自我体验和感悟

思政课堂端正了学生的学习态度，课堂表现明显改善。在开展了思政课堂工作之后，学生课上的反应较为热烈，学生的听课积极性确实显著提高，在上课过程中，学生的目光跟随性显著提高，与教师互动时，积极性也明显改善，与教师积极进行讨论，努力尝试新思路、新方法。理顺了对教学课程的认识，学生评价较为正面。在课下与学生做自由交流时，学生反映对教学过程中引入的案例、讨论、讲解内容接受度较高，在学习知识的同时，还对自己的人生经验有了充实，社会经验有了提高，受益匪浅。促进学生深入思考问题，对未来的探索更为积极。在以前的教学中，学生普遍反映对学业和人生规划不足，较为迷茫；经过思政教学的教育之后，学生更加愿意找老师商量今后的学业和人生规划。

4. 正身才能正行，利器才能善事

教师既是课程的实践者，也是学生的引路人。只有教师

自己想，自己信，自己做，才能为学生做好表率，才能通过自己的切身体会让学生接受讲解的德育内容。作为教师，应当在学习上保持终身学习的理念，不忘时刻学习，让学习的思想和习惯刻入自己的骨髓；在生活上，杜绝奢靡之风、修身养性、爱国爱党；在工作上，积极开展教学和科学研究，提高自己的教学和科研水平，爱岗敬业、乐于奉献、杜绝学术不端；在教学上，将学生放在教学的首位，积极关心学生、爱护学生，只有教师与学生共同进步，才能实现思政教学的"立德树人，润物无声"。

思政教学最终还是要落实到具体的教学活动中来，既然要进行教学活动，就必然要涉及教学方法、教学手段的选择。随着科技的进步，教学方法和教学手段也是日新月异，从传统的 PPT 投影，到虚拟仿真；从面对面的教学，到远隔千里的网络化教学；从只注重最终卷面成绩，到涉及教学全流程的全方位数值化评价。教师只有紧跟时代的潮流，积极掌握新的技术新的方法，才能将德融教学真正地讲到学生的心理，让教师的力气不白费，让学生的收获更多更广。

课程思政既是综合育人理念，也是创新思维；既是新的思政教育理念，也是思政课程体系；既是一种有利于各科内涵式发展的新课程观，也是一种让学生获得持久学习动力的教学方法。思政教学本身是有形的教学过程，但是，为了提高学生的接受程度，降低学生可能产生的逆反心理，必须从思政教学具体过程下手，将有形的思政教学目标，转换为无形的具体教学过程；让无形的教学内容设计思想，转换为有形的教案总结和方法汇总，在总结中学习，在总结中提升。只有将思政教学的内容化为维生素一样无形的物质，才能让学生通过学习将其转变为自己心中有形的参天大树。

六、教学课件展示

劳动力市场的退出与退休年龄

讨论：我国法定退休年龄是多少？

一、退休决策的影响因素

- 退休决策的影响因素。

  · **社会保障制度**：尤以养老保险的影响最为直接。
  · **养老保险资金的来源**：一个是雇主和雇员缴纳的养老保险费（主要渠道），另一个是国家财政补贴。

- 退休决策的影响因素。

  · **社会环境**：这种社会环境包括了经济环境与人文环境等。
  · **经济环境**：指某一国的经济发展总体状况，在达到法定退休年龄之后，个体是否有可能为了生活所迫而不得不继续进行劳动？
  · **人文环境**：指社会上对于老年人参与工作的态度。

- 退休决策的影响因素。

  · **个人条件**：除了之前提到的个人兴趣之外，还有一些个人条件方面的因素会影响到退休年龄的选择，这包括家庭的经济状况以及个人的健康状况。

二、退休年龄的决定

- 微观经济学理论告诉我们,个人追求自身效用最大化,因此在退休年龄的选择上也是如此,如果将来的预期收益大于现在退休的收益,那么员工将继续工作。

- 首先假设法定退休年龄为60岁,那么为了分析个体的最优退休年龄,需要计算个体退休之时到死亡前的预期余生收入,即工资收入与养老金收入在退休年龄点的现值。

- 如果个体的实际退休年龄比较早,那么他将延长其退休后的闲暇时间,个体的效用将得到提高;如果个体选择将实际退休年龄推后,那么他所能得到的余生工资收入将上升,对于个体而言也可以提高效用。

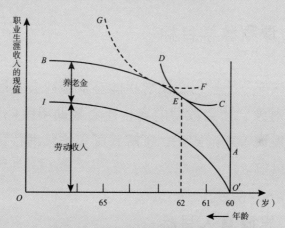

图3-1 实际退休年龄的决定机制

三、课后线上讨论

- 试列举都有哪些因素会影响个体作出退休决策?
- 分组讨论延迟退休对劳动市场的影响?

第四章 社会保障学课程思政
——社会救助[*]

一、课程教学目标

通过该部分的学习，使学生能够掌握社会救助的概念、社会救助对象、社会救助内容、社会救助手段以及社会救助的未来发展等理论知识，了解我国实施精准扶贫的背景、取得的成就等。

二、思政育人目标

通过本章知识的学习，既能使学生了解我国在脱贫攻坚方面实施的政策及取得的伟大成就，增强学生的道路自信、理论自信、制度自信、文化自信，也能使学生意识到后扶贫时代的任务艰巨，呼吁学生参与"扶弱"工作，增强学

＊ 本章是安徽省课程思政示范课程社会保障学（2021kcszsfkc006）的部分研究成果。

生艰苦奋斗的精神，提升学生的社会责任感。

三、课程思政教育融入点

（一）道路自信

道路自信是对发展方向和未来命运的自信。坚持道路自信就是要坚定走中国特色社会主义道路，这是实现社会主义现代化的必由之路，是中华民族走向繁荣富强、中国人民幸福生活的根本保证。在脱贫攻坚战中，通过发展生产、易地搬迁、生态补偿、发展教育、社会保障兜底"五个一批"工程，我们成功地走出了一条中国特色脱贫攻坚道路。而且脱贫攻坚和弱有所扶也是中国共产党带领人民群众创造美好生活的生动写照，体现了我们党始终把人民利益摆在至高无上的地位，让改革发展成果更多更公平地惠及全体人民，朝着实现全体人民共同富裕不断迈进，证明了中国共产党领导的社会主义道路符合人类社会发展的规律。

（二）理论自信

理论自信是对马克思主义理论特别是中国特色社会主义理论体系的科学性、真理性的自信。我国在打赢脱贫攻坚战的实践中继承和发展了马克思主义反贫困理论，形成了以习近平总书记精准扶贫精细脱贫战略思想为行动指南，以习近平总书记关于扶贫工作的重要论述为根本遵循的脱贫攻坚理论体系。在脱贫攻坚理论体系的指导下，我国打赢了脱贫攻坚战，取得了历史性的重大成就。脱贫攻坚战取得的成果表明，习近平总书记的新时代扶贫论述是正确的指南，进一步增强了新时代中国的理论自信。

（三）制度自信

制度自信是对中国特色社会主义制度具有制度优势的自信。我国在消除绝对贫困的过程中建立了中国特色脱贫攻坚制度体系，实施了"精准扶贫"，坚持全国一盘棋，建立起精准识别精准脱贫的工作体系和上下联动统一协调的政策体系，使得我们在扶贫脱贫方面取得了巨大的成就和经验，为全球减贫事业贡献了中国智慧和中国方案，充分彰显了中国特色社会主义制度优势。

（四）文化自信

文化自信是对中国特色社会主义文化先进性的自信。党的十九大报告提出了"弱有所扶"，而扶危济困、"一方有难、八方支援"一直是中华民族的传统美德，扶危济困思想不仅彰显了高尚的道德情操，也是国家文明程度的象征，与社会主义核心价值观中所倡导的文明、友善相吻合。而且我国在脱贫攻坚战中，锻造形成了"上下同心、尽锐出战、精准务实、开拓创新、攻坚克难、不负人民"的脱贫攻坚精神，并以脱贫攻坚精神引领农民脱贫自信，移风易俗培育新时代文明乡风，用"文化精神之钙"为脱贫攻坚提供了坚强的思想保证、强大的精神动力和持续的智力支持。

四、课程思政实施

（一）新课导入环节

改善民生是党和政府工作的永恒主题。党的十九大报告提出："在幼有所育、学有所教、劳有所得、病有所医、老有所养、住有所居、弱有所扶上不断取得新进展，深入开展脱贫攻坚，保证全体人民在共建共享发展中有更多获得感，不断促进人的全面发展、全体人民共同富裕。"与党的十八大报告相比，党的十九大报告中增加了"幼有所育""弱有所扶"这八个字。

提问学生：为何党的十九大报告要提出"弱有所扶"？实施"弱有所扶"的意义？

学生回答后，教师归纳总结：

一直以来，我国政府都关注对弱势群体的帮助。党的十九大报告提出的"弱有所扶"，既传承了中华民族优秀的道德品质，更是新时代中国特色社会主义发展的现实需要，具有十分重要的意义。

一是"弱有所扶"是传统美德的弘扬。我国是一个文明古国。"扶弱"是传统儒家思想的重要组成部分。如孔子提出的"仁者爱人"、孟子提出的"老吾老，以及人之老；幼吾幼，以及人之幼"都是"扶弱"思想。

二是"弱有所扶"是共享发展的要求。习近平总书记在党的十八届五中全会上提出了"共享"新理念，在党的十九大报告中再次强调"要保证全体人民在共建共享发展中有更多获得感，不断促进人的全面发展、全体人民共同富裕"。"共享"理念要求全体人民共享改革发展成果，实现共同富裕。

三是"弱有所扶"是公平正义的体现。弱势群体由于先天及后天的各种原因，导致他们在身体、技能等方面处于劣势地位。要构建公平正义的社会，必须对不同的人实行区别对待，尤其是要对弱势群体进行倾斜保护。

四是"弱有所扶"是全面小康的保障。党的十九大报告提出要"决胜全面建成小康社会"。没有全民小康，就没有全面小康。要实现全民小康，就必须"一个都不能少，一个都不能掉队"。

提问学生：如何全面理解"弱有所扶"中的"弱"？你认为哪些人属于"弱者"？

学生回答后，教师归纳总结：

"弱有所扶"中的"弱"，广义上涵盖了社会中各类处于生活窘迫和发展困境的群体。2002 年，朱镕基同志在党的第九届全国人大五次会议上所作的《政府工作报告》中使用了"弱势群体"一词，从而使弱势群体成为一个非常流行的概念，引起了国内外的广泛关注。弱势群体是指在社会生产生活中由于群体的力量、权利相对较弱，因而在分配、获取社会财富时较少较难的一种社会群体。由于他们处于较贫困状态，因此一般也把他们称为贫困弱势群体。具体来看，当前我国社会中需要帮扶的弱者主要有：城乡贫困者，包括农村特困供养对象（原五保对象）、城乡低保对象和农村建档立卡的脱贫户；家庭人均收入在城乡贫困者标准之上，但由于各种原因生活仍很困难的人，包括贫困边缘户（城乡低收入家庭）、特殊困难家庭和临时困难家庭；一些高风险群体如困难老人、困难残疾人、困境儿童、困难流动人口和农村留守人员等[①]。

思考： 政府如何帮扶贫困弱势群体？

（二）教师讲解新课

针对弱势群体，我国在近十几年来出台了很多帮扶政策，特别是社会救助制度。

1. 社会救助的定义

国家和社会依法对社会成员因自然灾害或其他经济、社会原因而无法维持最低生活水平时，为其提供基本生存需要的制度。

与社会救济的区别：通常来说，救济是一种消极的救贫济穷措施，基于一种同情和慈善的心理，对贫困者行善施

---

① 关信平. 进一步完善社会救助制度，实现"弱有所扶"[N]. 中国经济导报，2017－12－22（2）.

舍，多表现为暂时性的救济措施；而救助则更多地反映了一种积极的救困助贫措施，作为政府的责任而采取的长期性的救助。

2. 社会救助的对象

（1）绝对贫困。绝对贫困是指生活达不到温饱的基本需要。在实践中，一般都会设定贫困线，对于低于贫困线的绝对贫困人群实施社会救助。例如，世界银行设立每人每日收入 1.9 美元作为界定赤贫的标准线。我国 2020 年贫困户脱贫标准是年收入达到 4000 元左右，并且做到"两不愁、三保障"，即不愁吃、不愁穿，基本医疗、义务教育、住房安全有保障。党的十八大以来，经过 8 年持续奋斗，到 2020 年底，现行标准下 9899 万名农村贫困人口全部脱贫，832 个贫困县全部摘帽，12.8 万个贫困村全部出列，区域性贫困问题得到解决，完成了消除绝对贫困的艰巨任务①。

总结： 我国消除绝对贫困，是历史性的伟大成就，具有里程碑的重大意义。《人类减贫的中国实践》白皮书指出，改革开放以来，按照现行贫困标准计算，中国 7.7 亿名农村贫困人口摆脱贫困；按照世界银行国际贫困标准，中国减贫人口占同期全球减贫人口 70% 以上。中国之所以能够消除绝对贫困，最重要的是中国共产党的人民情怀，从党的

---

① 习近平. 在全国脱贫攻坚总结表彰大会上的讲话［N/OL］.（2021 - 02 - 25）［2022 - 03 - 20］. http：//www. xinhuanet. com/2021 - 02/25/c_1127140240. htm.

领袖到普通党员干部，都把人民放在心中最高位置。（该部分在介绍我国脱贫攻坚战取得的巨大成就的基础上，引导学生意识到社会主义制度的优越性，增强学生的民族自豪感和自信心。）

（2）相对贫困。相对贫困是指相对于社会上大部分人的生活水平来说明显偏低。测量绝对贫困的相对标准则是通过个人收入在居民收入中位数的比重来界定。这一界定标准在各国情况不尽相同。一些国家把低于中位数的40%作为贫困标准，也有一些国家把中位数的60%作为贫困标准。在欧洲许多国家，人们采取较高的贫困线标准（60%）来测量，低于这一标准的个人都属于贫困人口（林卡和申秋，2020）。一些国内学者认为，以绝对贫困线的一定倍数划定相对贫困线，或根据"人的基本需要"来动态调整贫困线，既有历史基础，又符合我国当前的财政现实（汪三贵和曾小溪，2018）。目前随着中国脱贫攻坚战的全面胜利，我国今后反贫困战略需适时调整。党的十九届四中全会做出了"坚决打赢脱贫攻坚战，巩固脱贫攻坚成果，建立解决相对贫困的长效机制"的总体部署。

3. 社会救助内容

（1）生活救助：最低生活保障、特困人员供养、临时救助。

（2）灾害救助。

（3）专项救助：住房救助、教育救助、司法救助与法律援助、殡葬救助。

目前，我国社会救助政策：

2014年5月，国务院颁布的《社会救助暂行办法》正式实施。该办法将最低生活保障、特困人员供养、受灾人员救助、医疗救助、临时救助等8项救助整合在一起，同时，还首次明确了社会力量参与社会救助，即建立了"8+1"社会救助体系。现行社会救助在多层次的社会保障体系中扮演了兜底的角色，在一定程度上满足了贫困弱势群体在面临困难时维持基本生活的需求。

2020年8月，中共中央办公厅、国务院办公厅印发了《关于改革完善社会救助制度的意见》，再次指出社会救助事关困难群众基本生活和衣食冷暖，是保障基本民生、促进社会公平、维护社会稳定的兜底性、基础性制度安排，也是我们党全心全意为人民服务根本宗旨的集中体现。

提问学生：帮扶弱势群体，应该如何着手？如何做到有的放矢？

学生回答后，教师进行新课讲解。

4. 社会救助手段

社会救助手段包括资金救助、实物救助、服务救助等多种救助手段。

中国打赢脱贫攻坚战的制胜法宝：精准扶贫。

观看教学视频以了解精准扶贫。

教师总结：精准扶贫的特色在于"精准"二字。精准扶贫是粗放扶贫的对称，是指针对不同贫困区域环境、不同贫困农户状况，运用科学有效的程序对扶贫对象实施精确识别、精确帮扶、精确管理的治贫方式。

教师给学生展示精准扶贫相关案例。

提问学生：随着脱贫攻坚战取得了全面胜利，我国的扶贫工作是否可以结束？

学生回答后，教师进行新课讲解。

5. 社会救助的未来发展（后扶贫时代"弱有所扶"的重点）

2020 年，中国将消灭绝对贫困，但这并不意味着扶贫工作可以结束。

一方面，目前中国已解决绝对贫困问题，但相对贫困问题仍较突出。北京大学贫困地区发展研究院院长雷明认为，按照相关国际标准，人均可支配收入中位数的40%或45%以下都属于相对贫困，这意味着中国相对贫困人口基数很大①。这将对财政提出较大压力，因此应该建立政府发挥主体作用，同时要动员全社会、企业，包括家庭个人多方参与的社会保障制度，缓解财政压力。（在此教师呼吁同学们加入社会慈善事业和"扶弱"事业，提高学生的社会责任感。）

---

① 胥大伟. 中国将消灭绝对贫困，那些"无力脱贫又无业可扶的"怎么办？［J/OL］. 中国新闻周刊，2020 － 12 － 14［2022 － 09 － 20］. http：//www. inewsweek. cn/society/2020 － 12 － 14/11216. shtml.

另一方面，受各种主观和客观因素的影响，一些农村贫困地区虽已脱贫，但很容易返贫，因此，打赢脱贫攻坚战后，我国提出将持续巩固拓展脱贫攻坚成果，习近平总书记在 2017 年 10 月 18 日党的十九大报告中提出了乡村振兴战略。2018 年 9 月，中共中央、国务院印发了《乡村振兴战略规划（2018—2022 年）》。2021 年 4 月 29 日第十三届全国人民代表大会常务委员会第二十八次会议通过了《中华人民共和国乡村振兴促进法》，自 2021 年 6 月 1 日起施行。实施乡村振兴战略，是解决新时代我国社会主要矛盾、实现"两个一百年"奋斗目标和中华民族伟大复兴中国梦的必然要求，具有重大的现实意义和深远的历史意义。

五、课程思政教学反思

本节以党的十九大报告提出的"弱有所扶"为引，分析对弱势群体进行帮服救助的意义，并在此基础上引出本节的主题——社会救助，进而为学生们讲解社会救助的定义、社会救助的对象、社会救助的内容、社会救助的手段及我国社会救助的未来发展等知识。通过本节内容的介绍不仅让学生们了解我国脱贫攻坚战取得的巨大成就，引导学生意识到社会主义制度的优越性，增强学生的民族自豪感和自信心，也通过对社会救助制度的未来发展这一部分的讲解使学生们意识到后扶贫时代任务仍较艰巨，以此呼吁学生可通过慈善事业、志愿者活动等方式参与"扶弱"

工作，提升学生的社会责任感。

在本节的教学活动中，始终围绕党的十九大报告提出的"弱有所扶"，对扶弱的意义、从哪些方面扶弱、扶弱的手段等方面进行讲解，在讲解知识的同时，尽量挖掘各知识点所蕴含的课程思政元素。同时在教学过程中尽量采取引导学生思考的方式，并辅以视频、案例等形式，在加深学生们对知识点的理解、提高学生分析问题的能力的同时，使学生直观地感受思政教育的内容。此外，注重课堂学习和课后学习相衔接，培养学生独立自主的学习能力。本节教学设计既使学生学习了相应知识，又使学生意识到了社会主义制度的优越性，增强了学生的民族自豪感和自信心，提升了学生的社会责任感。但由于课堂时间所限，无法对后扶贫时代的相对贫困问题和乡村振兴战略进行详细讲解，因此将其作为课后作业，由学生自己进行相关文献资料和案例的收集与查阅。

六、教学课件展示

社会保障与社会救助

引出问题：
为何党的十九大报告要提出"弱有所扶"？实施"弱有所扶"的意义是什么？

　　增进民生福祉是发展的根本目的。必须多谋民生之利、多解民生之忧，在发展中补齐民生短板、促进社会公平正义，在幼有所育、学有所教、劳有所得、病有所医、老有所养、住有所居、**弱有所扶**上不断取得新进展，深入开展脱贫攻坚，保证全体人民在共建共享发展中有更多获得感，不断促进人的全面发展、全体人民共同富裕。

　　　　——习近平总书记在中国共产党第十九次全国代表大会上的报告

弱有所扶的意义

一是"弱有所扶"是传统美德的弘扬。
二是"弱有所扶"是共享发展的要求。
三是"弱有所扶"是公平正义的体现。
四是"弱有所扶"是全面小康的保障。

如何全面理解"弱有所扶"中的"弱"？哪些人属于"弱者"？

2002年，朱镕基同志在党的第九届全国人大五次会议上所作的《政府工作报告》中首次使用"弱势群体"一词。

弱势群体是指在社会生产生活中由于群体的力量、权利相对较弱，因而在分配、获取社会财富时较少较难的一种社会群体。

主要包括：

城乡贫困者，包括农村特困供养对象（原五保对象）、城乡低保对象和农村建档立卡的脱贫户；

家庭人均收入在城乡贫困者标准之上，但由于各种原因生活仍很困难的人，包括贫困边缘户（城乡低收入家庭）、特殊困难家庭和临时困难家庭；

一些高风险群体如困难老人、困难残疾人、困境儿童、困难流动人口和农村留守人员等（关信平，2017）。

政府应如何帮扶贫困弱势群体？

一、社会救助的定义

国家和社会依法对社会成员因自然灾害或其他经济、社会原因而无法维持最低生活水平时，为其提供基本生存需要的制度。

二、社会救助对象

（一）绝对贫困：是指生活达不到温饱的基本需要

国际标准：世界银行设立每人每日收入 1.9 美元。

我国标准：2020年贫困户脱贫标准是年收入达到4000元左右，并且做到"两不愁、三保障"，即不愁吃、不愁穿，基本医疗、义务教育、住房安全有保障。

全国脱贫攻坚总结表彰大会（2021年2月25日）

9899万名农村贫困人口全部脱贫，832个贫困县全部摘帽，12.8万个贫困村全部出列，区域性整体贫困得到解决，完成了消除绝对贫困的艰巨任务！

"中国已消除绝对贫困"话题爆了

《人类减贫的中国实践》白皮书指出，改革开放以来，按照现行贫困标准计算，中国7.7亿名农村贫困人口摆脱贫困；按照世界银行国际贫困标准，中国减贫人口占同期全球减贫人口70%以上。

中国之所以能够消除绝对贫困，最重要的是中国共产党的人民情怀，从党的领袖到普通党员干部，都把人民放在心中最高位置。

（二）相对贫困

相对贫困是指相对于社会上大部分人的生活水平来说明显偏低。测量绝对贫困的相对标准则是通过个人收入在居民收入中位数的比重来界定。

界定标准：

国际：一些国家把低于中位数的40%作为贫困标准，也有一些国家把中位数的60%作为贫困标准。在欧洲许多国家，人们采取较高的贫困线标准（60%）来测量，低于这一标准的个人都属于贫困人口。

我国：以绝对贫困线的一定倍数划定相对贫困线，或根据"人的基本需要"来动态调整贫困线，既有历史基础，又符合我国当前的财政现实（汪三贵、曾小溪，2018）。

党的十九届四中全会做出了"坚决打赢脱贫攻坚战，巩固脱贫攻坚成果，建立解决相对贫困的长效机制"的总体部署。

三、社会救助内容

（一）生活救助：最低生活保障、特困人员供养、临时救助

（二）灾害救助

（三）专项救助：住房救助、教育救助、司法救助与法律援助、殡葬救助

▎我国社会救助政策

2014年5月，国务院颁布的《社会救助暂行办法》正式实施。该办法将最低生活保障、特困人员供养、受灾人员救助、医疗救助、临时救助等8项救助整合在一起，同时，还首次明确了社会力量参与社会救助，即建立了"8+1"社会救助体系。

2020年8月，中共中央办公厅、国务院办公厅印发了《关于改革完善社会救助制度的意见》，再次指出社会救助事关困难群众基本生活和衣食冷暖，是保障基本民生、促进社会公平、维护社会稳定的兜底性、基础性制度安排，也是我们党全心全意为人民服务根本宗旨的集中体现。

四、救助手段

帮扶弱势群体，该如何帮扶？

包括资金救助、实物救助、服务救助等多种救助手段。

中国打赢脱贫攻坚战的制胜法宝：精准扶贫。

六个精准

扶贫对象精准
措施到户精准
项目安排精准
资金使用精准
因村派人精准
脱贫成效精准

五、社会救助的未来发展（后扶贫时代"弱有所扶"的重点）

问题：随着脱贫攻坚战取得了全面胜利，我国的扶贫工作可以结束了吗？

一方面，目前中国已解决绝对贫困问题，但相对贫困问题仍较突出。按照相关国际标准，人均可支配收入中位数的40%或45%以下都属于相对贫困，这意味着中国相对贫困人口基数很大（雷明，2020）。

另一方面，受各种主观和客观因素的影响，一些农村贫困地区虽已脱贫，但很容易返贫，因此，打赢脱贫攻坚战后，我国提出将持续巩固拓展脱贫攻坚成果。

乡村振兴战略

2017年10月18日党的十九大报告中提出了乡村振兴战略。

2018年9月，中共中央、国务院印发了《乡村振兴战略规划（2018—2022年）》。

2021年4月29日第十三届全国人民代表大会常务委员会第二十八次会议通过了《中华人民共和国乡村振兴促进法》，自2021年6月1日起施行。

实施乡村振兴战略，是解决新时代我国社会主要矛盾、实现"两个一百年"奋斗目标和中华民族伟大复兴中国梦的必然要求，具有重大的现实意义和深远的历史意义。

第五章 社会保障学课程思政
——养老保险

一、课程教学目标

通过本章的学习，帮助学生了解养老保险的概念、特点，掌握现行政策体系下基本养老保险的主要内容，了解我国养老保险制度面临的问题和挑战，熟悉养老保险制度的相关法律规定，能够熟练地用于劳动者权益保护的相关案例分析中。

二、思政育人目标

改革开放40多年，我国养老保险事业取得了巨大成就，本章从中华人民共和国成立以来的历史视角，检视中华人民共和国成立70多年来养老保险经历的创建奠基、曲折动荡、改革探索、制度重构、全面完善的基本过程，深刻认识改革开放以来中国特色社会主义制度体系的不断完善、社会保障体系改革与发展取得的历史性成就与经验。通过系统了解我国养老保险建立全过程，可以使学生深刻地感受和认识我国社会保障事业的伟大进步。多谋民生之利、多解民生之忧，在发展中补齐民生短板、促进社会公平正义，进而极大地增强民族自信心和国家自豪感。

三、课程思政教育融入点

（一）人口老龄化

"养老"是一个亘古不变的世界性话题，年老也是人生不可回避的自然规律，尤其是进入现代社会后，随着社会经济发展和生活水平的提高，人均预期寿命不断延长，越来越多的国家跨入了老年型社会。第七次全国人口普查数据显示，2021年我国老年人数相对于2020年上升了5.44%。而相对的青少年乃至成年人的人口总数下降6.79%，我国60岁及以上人口为2.64亿人，占18.7%，其中，65岁及以上人口为1.9亿人，占13.5%。2021年6月29日，人力资源和社会保障部印发了《人力资源和社会保障事业发展"十四五"规划》，该规划明确指出，"十四五"期间新退休人数将超过4000万人，劳动年龄人口净减少3500万人，社会保障制度的可持续发展面临挑战。这意味着，"十四五"期间，我国每年将平均增加800万名退休人员，远多于2020年新增的452万人。人口老龄化是社会发展的重要趋势，也是今后较长一段时期我国的基本国情。人口老龄化及其不断加快的发展趋势对各个国家与社会均构成了日益严重的挑战。伴随着老年风险的普遍性和日益社会化，养老也就成为当今世界各国面临的主要社会问题之一。而我国的人口老龄化又具有以下特点。

1. 人口老龄化的城乡倒置显著

发达国家人口老龄化的历程表明，城市人口老龄化水平一般高于农村，中国的情况则不同。我国老龄化水平城乡差异明显。第七次人口普查，从全国看，乡村60岁、65岁及以上老人的比重分别为23.81%、17.72%，比城镇分别高出7.99个、6.61个百分点。农村老龄人口是中国老年人的主体，与城市相比，农村的养老压力更大。农村相对缺乏高质量的医疗、护理等服务资源，以及精神生活的贫乏，这种城乡倒置的状况将一直持续到2040年。据2020年《中国人口老龄化发展趋势预测研究报告》显示，到21世纪后半叶，城镇的老龄化水平才将超过农村，并逐渐拉开差距，这是中国人口老龄化不同于发达国家的重要特征之一。

2. 老龄化超前于现代化

发达国家是在基本实现现代化的条件下进入老龄社会，属于先富后老或富老同步，而中国则是在尚未实现现代化，经济尚不发达的情况下提前进入老龄社会，属于未富先老。发达国家进入老龄化社会时，人均GDP一般在1万美元以上，例如，美国进入老龄化社会的时间是 1950 年，人均 GDP 为 10645 元；日本是 1970 年，人均 GDP 为 11579 元；韩国、新加坡都是 2000 年，人均 GDP 分别是 17380 元、23356 元。2001 年，我国 65 岁以上人口超过 7%，标志着已经进入老龄化社会，当时人均 GDP 仅为 946 元，仍属于中等偏低收入国家行列，应对人口老龄化的经济实力还比较薄弱。2021 年，我国人均 GDP 接近发达经济体下限，但 13.5% 的老龄化程度已经超过中高收入经济体 10.8% 的平均水平，仍然面临经济增长和养老负担的双重压力①。

（二）人口老龄化社会的家庭结构

传统社会的养老是依据宗法血缘家族关系为纽带的"家庭式养老"，几千年的农耕社会中，以家庭生产及自给自足的自然经济为主，家庭担负着生产生活的各种职能。一个人从生到死完全依靠家庭，离开了家庭将会无以为生，家庭成为一个人生活的主要依托和发展的基础。严密的伦理纲常制度与孝道文化是其得以持续的制度规范。在传统文化所提倡的"必养也敬，以礼事亲"的孝道伦理与法律的双重规范下，子女侍养父母为天经地义，父母接受子女的侍养为人之常理，而完全适应中国传统孝文化的"家庭养老"模式便逐渐成为中国传统社会几千年来唯一的养老模式，完美地解决了传统社会老年人的问题。《礼记·纪孝

① 佚名. 养老投资需要"三条腿走路"，年化 15% + 的公募养老目标基金你需要了解 [EB/OL]. (2022 - 01 - 05) [2022 - 05 - 30]. https://cj. sina. com. cn/articles/view/3958636400/ebf3ff7001900xvmc.

行章》中亦清清楚楚地列出了家庭养老的主要内容："孝子之事亲也，居则致其敬，养则致其乐，病则致其忧，丧则致其哀，祭则致其严。五者尚全，然后能事亲。"然而，随着科学技术的进步，生产方式的不断变化，人们的交往半径不断扩大，突破了传统的血缘、地缘的联结，跨地域、跨行业的人际流动成为常态，家庭的模式也由传统社会的大家庭逐渐转变为现代社会的核心家庭，家庭的功能逐渐单一化，家庭的养老功能逐渐被剥离，转而由社会上的专门机构所代替。尤其是近几十年来，我国在计划生育政策影响下，生育率下降带来的子女数减少不可避免地进一步弱化了家庭养老的功能。在"4－2－1"倒金字塔的家庭结构中，1 对独生子女除了抚养 1 个孩子，还要赡养 4 位甚至更多的老人。这在经济能力和时间上都给年轻一代提出了巨大的挑战。家庭小型化、核心化趋势使子女照料父母的难度增大，原有的养儿防老的家庭养老模式受到极大冲击。甚至一些"80 后""90 后"们成为依靠父母过活的"啃老族"。新的时代条件向中国传统家庭养老模式提出了巨大的挑战。

四、课程思政实施

（一）通过案例导入新课

[**案例 5－1**] 被告龙岗区横岗甲厂是一家加工企业，王某于 1998 年 3 月 10 日起受聘于该厂，从事园林绿化和清洁

工作。双方签订了劳动合同，最后一份劳动合同的期限从2019 年 3 月 1 日起至 2020 年 12 月 31 日止，合同约定王某的月薪为 2379 元。2017 年 9 月，被告开始为王某办理社会养老保险，现仍为王某缴纳养老保险费用。王某现已年满 63 周岁，原告、被告双方现仍保持劳动关系。2019 年 11 月，王某作为申诉人向深圳市龙岗区劳动争议仲裁委员会申诉，请求裁决：

（1）被诉人（即横岗甲厂）为申诉人办理退休手续，使申诉人享受退休养老待遇。

（2）仲裁费由被诉人承担。

2020 年仲裁委做出仲裁裁决：

（1）申诉人与被诉人横岗甲厂解除劳动合同，被诉人横岗甲厂协助申诉人到当地社会保险管理部门办理养老保险金领（转）手续，具体金额和处理方法由社会保险管理部门核定。

（2）仲裁处理费 1000 元由被诉人承担。王某不服上述裁决，遂诉于龙岗法院，请求判令被告为王某办理退休手续，并按社保标准支付给王某退休养老金，由被告承担本案仲裁费 1000 元及诉讼费。

思考：什么是养老保险？我国养老保险的发展概况。

（二）教师讲解新课

养老保险是社会保险五大险中最重要的险种之一，是国家和政府依据一定的法律和法规为保障劳动者在达到法定退休年龄或因年老丧失劳动能力退出劳动岗位后的基本生活而建立的一种社会保险制度。在社会保险五大险种中养老保险承诺与兑现之间的时间最长，同时也是实际享受人数最多的险种之一，养老保险制度模式往往是国家社会保险制度模式的代表。

1. 我国养老保险制度的发展历程

我国的养老保险以 1951 年颁布的《中华人民共和国劳动保险条例》为起点，大体经历了传统养老保险体系、"社会统筹"养老保险体系和以"统账结合"为基础的多层次养老保险体系三个阶段。我国的养老保险事业经历了从无到有，从制度单一到多种制度并行，从小范围到基本覆盖，并最终建立起相对完善的养老保险体系的发展历程。

阶段一：中华人民共和国成立初期到 1984 年。1951 年 2 月 26 日，中华人民共和国政务院颁布了我国历史上第一部全国性社会保障法规——《中华人民共和国劳动保险条例》。对百人以上企业职工的养老、医疗、伤残、生育、病假、死亡等待遇作了规定。之后国家又陆续对国家机关、事业单位工作人员的待遇作了规定。颁布了有关住房、社会救济、社会福利的法规。经过几十年的努力，我国初步建立了养老保险制度，不仅规定了统一的支付条件、待遇标准和缴费比例，而且规定劳动保险金的 30% 上缴全国总工会作为社会保险总基金，对各地和各企业进行调剂，实际上实行了全国统筹。

　　阶段二：1984 年到 1992 年党的十四大。1984 年，以党的十一届三中全会《关于经济体制改革若干问题的决定》为标志，我国经济体制改革进入了以城市为重点、以国营企业为中心的时代。虽然多年之后才提出社会主义市场经济体制的概念，但以今天的视角来看，党的十一届三中全会的决定实际上已揭开了从计划经济转向市场经济的序幕。在这个大背景下，谋求成为自主经营、自负盈亏的商品生产者和经营者的企业，再不能容忍自我负担畸重畸轻的养老保险制度了。于是从 1985 年起（少数地区从 1984 年就开始试点，如青岛市、淄博市），各地纷纷进行了重建养老保险社会统筹制度的试点。1991 年，国务院颁布《关于城镇企业职工养老保险制度改革的决定》，养老保险从单方面的雇主负担逐渐变为由国家、企业、个人三方共同承担，在全国重新实行养老保险社会统筹制度。

　　阶段三：1992 年至今。其主要标志是党的十四大报告第一次明确地把深入进行社会保障制度改革作为经济体制改革的五个重要环节之一。1993 年，国务院颁布《关于企业职工养老保险统筹问题的批复》，确立了实行社会统筹与个人账户相结合的原则。这一阶段基本上是在 1997 年建立的企业职工基本养老保险制度框架内进行细化、完善。明确个人账户缴费比例，逐步做实个人账户。扩大养老保险覆盖面，完成新农合、城居保的全覆盖并颁布《中华人民共和国社会保险法》（以下简称《社会保险法》）。实现机关事业单位和企业职工养老保险制度的并轨，完善省级统筹，逐步实现全国统筹。

2. 养老保险制度的现状

我国城镇居民养老保险基金主要由个人缴费和政府补贴构成，新农村养老保险基金由个人缴费、集体补助、政府补贴构成。两类参保居民都应当按规定缴纳养老保险费，政府对符合待遇领取条件的参保人全额支付养老保险基础养老金，国家为每个参保人员建立终身记录的养老保险个人账户。个人缴费、地方人民政府对参保人的缴费补贴及其他来源的缴费补助，全部计入个人账户。个人账户储存额目前每年参考中国人民银行公布的金融机构人民币一年期存款利率计算。养老金待遇由基础养老金和个人账户养老金构成，支付终身。"统账结合"当时在世界上独此一家，被认为是制度创新，其初衷是想把社会统筹和个人账户的优势都发挥出来，前者实行的是"现收现付制"，用于支付已退休人员的养老金，后者实行的是长期封闭积累、产权个人所有的"完全积累制"，原则上不能调剂借用。

结合上述案例，当前理论界一般认为，作为社会保险制度之一的养老保险制度是缴费性的社会保障制度，必须贯彻权利和义务相一致的原则，养老保险待遇的享受必须以缴纳一定的保险费用为条件。根据国务院 1997 年颁布的《关于建立统一的企业职工基本养老保险制度的决定》，被保险人享受养老保险待遇一般必须以一定的缴费年限为条件。缴纳养老保险费用达到法定年限是劳动者享有养老金请求权的构成要件之一，劳动者只有在其缴费年限达到一定的要求后才有权请求给付养老保险待遇。企业没有为劳动者缴纳养老保险费，致使缴费年限没有达到法定条件，劳动者无法行使养老金请求权。在案例中，王某所在的龙岗区横岗甲厂在 1998 年 3 月至 2019 年 3 月期间没有为王某办理养老保险，王某的社会养老保险的缴费年限没有达到法定年限，因此无法要求社会保险经办机构给付养老保险待遇。

养老保险法属于社会保险法，当然也具有社会保险法的特性。社会保险是由政府为推行社会政策，应用保险技术，采取强制方式，在全体国民或多数国民遭遇生、老、病、死、伤、残及失业等危险事故时，提供保险给付，以保障其最低收入安全及基本医疗照顾为目的的一种社会福利措施。从发展历史来看，社会保险制度具有保障国民生存权的特性，它是为了保障劳动者，乃至全体国民的生存利益而建立的社会制度。因此，社会保险是一种包含"社会"与"保险"两种要素的社会机制。除了要运用保险的技术外，社会保险具有很强的"社会"属性，该"社会"属性尤其表现在强制投保、法定的给付内容以及保险费率的计算等制度设计上。社会保险具有的社会属性也决定了社会保险法律关系性质的认定。以德国社会法为例，为了充分保障劳动者社会保险方面的权利，劳动者作为被保险人是债权人，社会保险经办机构作为保险人是债务人，社会保险给付的受领人可能是债权人本人，也可能是其近亲属。社会保险法律关系的产生一般是始于法定的劳动关系的建立，终止于被保险人或者其近亲属死亡。社会保险费用的征缴关系一般被视为税法上的法律关系。社会保险费用的缴纳与社会保险待遇的给付不构成对价关系，用人单位是否缴纳社会保险费用并不影响被保险人的权利。用人单位没有缴纳社会保险费用的法律效果仅仅是缴费义务的违反，应承担税法上的责任，劳动者在社会保险法律关系中享有的对社会保险经办机构的债权不受影响。该制度设计对劳动者权益的保障具有十分重要的作用。

为了贯彻社会保险法的理念，保障劳动者在社会保险上的合法权益，应该对我国现有的规定进行完善。鉴于我国当前养老保险制度建立不久，漏缴、少缴现象较为严重，采用该设计可能会给国家财政带来比较大的负担，尤其是在我国当前社会保险费用征缴机制不是十分健全的情况下更是如此。因此，当前可通过特殊规定，要求用人单位在没有缴纳社会保险费用，导致劳动者无法享受养老保险待遇时，对劳动者承担赔偿责任。在法律效果上，劳动者可以要求用人单位补办社会保险或者补缴社会保险费用，同时也可以要求用人单位赔偿损失，该损失的具体标准依据养老保险法的有关规定计算。如果两个以上的用人单位都存在少缴、漏缴情况，则根据所造成的损失份额予以分担，在具体支付方式上，要求用人单位一次性给付。

五、课程思政教学反思

随着全球老龄化发展趋势日益显著，养老问题成为社会关注的焦点，有效解决养老保险问题可以提高居民的生活水平、促进社会平稳以及带动经济的长期发展。学生了解一个事业的发展历史，能够让他们更加清楚地理解它的过去、当下与未来，因此，了解我国养老保险制度的发展历程，对于我们尝试去思考与解决养老保险问题有着很大的帮助。

养老保险制度是世界经济发展和人口发展的产物，是社会文明进步的标志，体现了社会公平和人道。社会养老保险制度是解决人们老有所养问题的根本性制度，是社会保障的核心和重要组成部分，得到了很多不同政治制度国家的认同，受到了政府和国民的高度重视，也是最重要的社会保障制度安排。一个国家或者地区社会保障制度的成败往往取决于养老保险制度的成败，因此，在重视社会保障制度的国家或地区，没有不重视这一制度建设的。我国目前正处于经济转型时期，又面临人口老龄化的巨大压力，社会养老保险制度的建立和健全，直接关系到国民经济发展，如何能在保持国民经济健康、快速发展的同时，提高人民的整体福利水平，发展和完善养老保险制度是一项"关乎国运，惠及子孙"的重要国策，对和谐社会的构建具有重大而深远的意义。

回顾我国养老保险制度 70 多年的发展历程，可以发现，党和国家在以人为本的核心价值理念指导下，依据各个阶段的经济发展水平、人民物质生活条件和民生诉求的转换，走出了一条以"平均主义—效率优先—社会保护—社会公平"为主导价值理念的演进道路，实现了制度规模持续扩大和制度结构日趋成熟的伟大成就，形成了独具特色的发展道路。这一道路的形成并不是偶然因素促成的，实际上有着区别于其他国家的深层次动因，其经验可概括为主导思想优势、政治体制优势和文化基础优势三个方面。在主导思想上，以人民为中心的马克思主义理论塑造了不同时期养老保险制度的价值理念。在政治体制上，中国共产党的领导与民主协商制度保障了具体养老保险政策的执行与推进。在文化基础上，以孝文化为代表的传统伦理观培育了孝老的人文关怀环境与土壤。这三方面也为我国养老保险制度的进一步发展提供了丰富的营养和扎根本土的力量。

当前，现行制度依然存在诸多问题，面临严峻挑战。首先，制度的地区分割和群体分割严重影响了社会群体间的公平性与区域经济的协调均衡发展。其次，多层次养老保险体系虽已初显雏形并持续推进，但进展缓慢，结构性矛盾突出。最后，治理水平相对滞后，频繁的政策调整导致民众信心不足、信任缺失。那么，我国养老保险制度应当如何在总结实践经验的基础上尽快实现制度的优化、稳定和可持续发展呢？在中国特色社会主义新时代的背景下，我们仍然可以从上述经验的具体优势出发，分析和展望未来我国养老保险制度的改革与发展。

具体来说，就是要继续坚持和发挥三大优势。一是坚持中国特色社会主义主导思想优势。我国社会主要矛盾已经转化为人民日益增长的美好生活需要和不平衡不充分的发展之间的矛盾，这也就指明了未来养老保险制度建设的改革方向。在新时期，以人为本的价值理念不仅是党的十八届三中全会以来强调的社会公平，还应在切实解除人民生活后顾之忧的基础上，努力促使整个制度更加可持续发展，并在人民美好生活需求不断升级的形势下，持续提高养老保险待遇水平，尽快兜住底线、织牢民生安全网并建立长久机制，最终关注和促进人的全面发展。二是坚持中国特色社会主义体制优势。人民对美好生活的追求决定了新时期的改革任务需要根据主要矛盾的转化而做出调整，尽快精准锚定现存问题，并通过强大的国家治理能力进行改革。应当在中央调剂金制度的基础上，综合考察不同省份、不同地区的老龄化进程差异，合理评估各地方财政能力和养老保险基金结余，尽快建成清晰明确的央地财政分担机制。同时，借鉴参考欧洲国家公共养老金参数改革经验及配套政策工具，在降低企业养老保险费率的政策推动下，对缴费基数、缴费年限、工作年限和退休年龄等基本要素进行科学合理的设计，并在此基础上统一各项基本要素的标准，以实现"全国一盘棋"。三是坚持中国特色社会主义文化优势。随着人口老龄化程度的不断加深，尤其因为计划生育政策下独生子女父母的老龄化，势必出现更加严重的老人孤独、缺少陪伴的社会问题。因此，孝文化对养老保险制度的补充保障作用就显得尤为重要。在新时期，孝文化主要表现为精神上的慰藉和情感上的陪伴，对美好生活的追求需要发挥这一补充保障功能，以配合养老保险制度更好地满足民生保障需求。在着力构建养老、孝老、敬老政策体系和社会环境的过程中，我们应当充分重视和弘扬这一传统伦理观，以此为依托来推动家庭、社区和机构养老体系的建设。

六、教学课件展示

※引出问题：人口老龄化

　　第七次全国人口普查关键数据。我国人口老龄化的最新数据是2021年的老年人数相对于2020年上升了5.44%。而相对的青少年乃至成年人的人口总数下降6.79%，我国60岁及以上人口为2.64亿人，占18.7%，其中，65岁及以上人口为1.9亿人，占13.5%。

　　国家统计局原局长宁吉喆表示，人口老龄化是社会发展的重要趋势，也是今后较长一段时期我国的基本国情。

根据世界银行2019年初的数据   根据联合国标准

65岁及以上
人口数量占总人口比例

 占27%   占19%

 占15%   占14%

 占11%

超7% "老龄化社会"

达14% "深度老龄化社会"

达20% "超高龄社会"

人口结构巨变！未来5亿老人，养老怎么办？
https://www.bilibili.com/video/BV1YV411E7w7

一、我国人口老龄化的特点

（一）人口老龄化的城乡倒置显著

发达国家人口老龄化的历程表明，城市人口老龄化水平一般高于农村，中国的情况则不同。

我国人口老龄化水平城乡差异明显。第七次人口普查，从全国看，乡村60岁、65岁及以上老人的比重分别为23.81%、17.72%，比城镇分别高出7.99个、6.61个百分点。农村老龄人口是中国老年人的主体，与城市相比，农村的养老压力更大。农村相对缺乏高质量的医疗、护理等服务资源和精神生活的贫乏，这种城乡倒置的状况将一直持续到2040年。到21世纪后半叶，城镇的老龄化水平才将超过农村，并逐渐拉开差距，这是中国人口老龄化不同于发达国家的重要特征之一。

（二）人口老龄化超前现代化

发达国家是在基本实现现代化的条件下进入老龄社会的，属于先富后老或富老同步，而中国则是在尚未实现现代化，经济尚不发达的情况下提前进入老龄化社会的，属于未富先老。发达国家进入老龄化社会时人均GDP一般在1万美元以上，比如，美国进入老龄化社会的时间是1950年，人均GDP为10645元；日本是1970年，人均GDP为11579元；韩国、新加坡都是2000年，人均GDP分别是17380元、23356元。2001年，我国65岁以上人口超过7%，标志着已经进入老龄化社会，当时人均GDP仅为946元，仍属于中等偏低收入国家行列，应对人口老龄化的经济实力还比较薄弱。2021年，我国人均GDP接近发达经济体下限，但13.5%的老龄化程度已经超过中高收入经济体10.8%的平均水平，仍然面临经济增长和养老负担的双重压力。

二、人口老龄化社会的家庭结构

家庭养老负担压力迅速上升

计划生育政策导致现在很多家庭结构为"4-2-1"的倒金字塔结构，加上老龄化的趋势，上有老、下有小的年轻夫妻可能面临抚养13个人的重担。

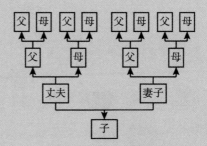

养儿防老的时代已经成为历史！

❑ "4-2-1"的家庭结构向传统的养老模式发起挑战；

❑ 现在的生活压力非常大，儿女维持自身家庭已经背负沉重负担；

案例5-1

被告龙岗区横岗甲厂是一家加工企业，王某于1998年3月10日起受聘于该厂，从事园林绿化和清洁工作。双方签订了劳动合同，最后一份劳动合同的期限从2019年3月1日起至2020年12月31日止，合同约定王某的月薪为2379元。2017年9月，被告开始为王某办理社会养老保险，现仍为王某缴纳养老保险费用。王某现已年满63周岁，原告、被告双方现仍保持劳动关系。2019年11月，王某作为申诉人向深圳市龙岗区劳动争议仲裁委员会申诉，请求裁决：

（1）被诉人（即横岗甲厂）为申诉人办理退休手续，使申诉人享受退休养老待遇。

（2）仲裁费由被诉人承担。

2020年仲裁委做出仲裁裁决：

（1）申诉人与被诉人横岗甲厂解除劳动合同，被诉人横岗甲厂协助申诉人到当地社会保险管理部门办理养老保险金领（转）手续，具体金额和处理方法由社会保险管理部门核定。

（2）仲裁处理费1000元由被诉人承担。王某不服上述裁决，遂诉于龙岗法院，请求判令被告为王某办理退休手续，并按社保标准支付给王某退休养老金，由被告承担本案仲裁费1000元及诉讼费。

三、养老保险的内涵

定义：养老保险是社会保险五大险中最重要的险种之一。是国家和政府依据一定的法律和法规为保障劳动者在达到法定退休年龄或因年老丧失劳动能力退出劳动领域后的基本生活而建立的一种社会保险制度。

特点：养老保险承诺与兑现之间的时间最长；
养老保险是实际享受人数最多的险种之一；
养老保险费用的收入支出庞大；
养老保险制度模式往往是国家社会保险制度模式的代表。

意义：养老保险制度使老年人的养老更加有保障；
养老保险制度使社会更加安定；
养老保险实现了人类自我养老，保证了老年人的尊严；
养老保险巨额资金储蓄可调节市场消费和支持经济建设；
养老保险使得家庭养老的重要性下降。

四、养老保险的发展阶段

起点：1951年颁布的《中华人民共和国劳动保险条例》。

阶段一：中华人民共和国成立初期到1984年。

阶段二：1984年到1992年党的十四大。

阶段三：1992年至今。

第六章　社会保障学课程思政
——社会保障基金

一、课程教学目标

作为一个极为复杂的社会系统工程，社会保障基金涉及亿万民众的切身利益和社会稳定大局。社会保障基金是社会保障制度的物质基础和实现其社会政策的核心条件，社会保障基金的安全、有效运营和保值增值是社会保障制度成败的关键。自20世纪90年代以来，随着人口老龄化问题日益严重以及社会保障基金出现的财务危机等问题的显化，社会保障基金管理在国际社会保障领域日益成为一个备受关注的重要前沿课题，它是研究社会保障基金的征缴、保管、投资运营、保值增值管理、监管等运行机制、制度规范及其规律的一门新兴的、综合性、边缘性管理科学。

二、思政育人目标

使学生了解社会保障基金的基本内涵、基金来源和主要分类，深刻理解国内外社会保障基金管理的现行制度以及未来发展的趋势，并能结合我国实际，力求探索和建立我国社会保障基金管理的系统理论、决策与分析。同时，使学生基本具备用保障基金的相关知识的系统理论来决策与分析社会保障问题的专业素质，并努力培育学生对现行政策的正确认知能力，以及树立为我国社会保障事业努力奋斗的职业精神。

三、课程思政教育融入点

公平作为社会主义核心价值观对社会层面的重要要求，在社会保障体系建设中应该得到充分彰显。不患寡而患不均，公平也是社会保障政策落地见效的前提和基础。社会保障是组织国民收入再分配，向一部分社会成员提供基本物质生活保障的一项福利制度，它参与国民收入的再分配。社会保障基金的筹集和给付，必然会在一定程度上起到调剂、均衡劳动者个人之间、企业之间、地区之间的高收入与低收入差别的作用。或者说，从社会产品分配和国民收入占有份额变化的角度看，社会保障基金都会对没有社会保障时的原有收入分配格局产生"再分配"作用，使一部分低收入居民增加收入份额，从而改变了社会不同阶层、不同成员或同一阶层同一成员在不同时期——劳动前、劳动中、劳动后和劳动间断的收入分配状态，促进了社会公平。但这种均衡收入差别的作用又完全不同于过去的平均主义或"大锅饭"。因为社会保障基金中的社会保险基金部分是按照权利与义务对等的原则建立起来的，且保险基金的给付仅仅是将符合给付条件、失去劳动收入的劳动者所需要的补偿其基本生活的费用分摊给全体劳动者，至于社会保障基金中的财政拨款部分，保障对象是全体公民，但也并不是平均分配给全体公民，而是只有符合给付条件的公民才能享受，且这种给付同样仅仅是以满足其基本生活需要为准则。因此，社会保障均衡收入差别的作用与平均主义、"大锅饭"是不能相提并论的。

四、课程思政实施

[案例 6-1] 上海社保案

据新华社 2006 年 9 月至 2007 年 12 月期间报道，原上海市劳动和社会保障局局长祝均一因涉嫌违规使用 32 亿元社会保障基金而被隔离审查，涉案金额达百亿元人民币的上海社会保障基金案也随之浮出水面。随着上海劳动和社会保障局原局长祝均一严重违反国家财经纪律、收受贿赂被隔离审查，"福禧投资"原董事长张荣坤被限制自由配合调查，"上海电气"原董事长王成明、原副总裁韩国璋被

"双规"，宝山区原区长秦裕涉嫌严重违纪被调查，这起牵连甚广的重大腐败窝案、串案的黑幕被层层揭开，其中的灰色资金链条也逐步清晰起来。

2002 年 3 月，30 多岁的苏州青年张荣坤以 32 亿元，拿下沪杭高速上海段 30 年收费经营权，其掌控的"福禧投资"顿时成为上海滩颇具神秘色彩的民营企业。之后的两三年，张荣坤接连大手笔投资高速公路，到 2005 年 6 月，"福禧投资"参与管理的公路里程已达 200 千米，总投资超过 100 亿元，财大气粗和手眼通天令同行且惊且妒。2004 年张荣坤的"福禧投资"跻身上海电气改制，最终出资 9.6 亿元持有 8.15% 的股权成为第二大股东。然而随着上海社保局原局长祝均一因为违规拆借社会保障基金案发被查处，人们一下子看清了撬动张荣坤神速崛起的那根杠杆——社保资金。上海社保局下属的企业年金发展中心将"福禧投资"及其股东"沸点投资"告上法庭，要求后两者提前归还所借资金，将张荣坤及其"福禧投资"当年大手笔收购高速公路的资金来源大白于天下。根据上海年金中心提交的起诉书，年金中心先后将 34.5 亿元的资金通过委托资金运营的方式拆借给"福禧投资"及其股东"沸点投资"，用于收购高速公路等资产。据透露，截至 2005 年底，上海年金中心管理的资金在 110 亿元以上，占到全国年金总额的 1/6。也就是说，上海市 1/3 的补充养老保险资金都借给了张荣坤使用。2008 年 8 月 24 日，新华社发布电文称："有关部门在对上海市劳动和社会保障局违规使用社保资金问题进行核查中发现，中共上海市宝山区委副书记、区长秦裕涉嫌严重违纪。"此时，距离秦裕就任宝山区区长一职恰好 1 个月。上海社保腐败大案暴露了公共基金管理方面的漏洞，也引起了有关方面的重视。

上海社会保障基金案堪称"2006 年中国十大腐败案之首"，一是涉案金额巨大；二是发生在关系国计民生的社保领域，社会保障基金是老百姓的"保命钱"；三是众多官员牵涉其中，中央查处此案的阵容非常庞大。

资料来源：黄俊峰．福禧投资是否是上海社保资金操盘手 [N/OL]．中国证券报，2006 – 08 – 25 [2022 – 05 – 30]．http：//finace. sina. com. cn/g/20060825/10182855825. shtml.

该案反映出了我们在公共基金管理方面存在的一些问题。据不完全统计，2020 年末，社会保障基金资产总额29226. 61 亿元。从投资业绩来看，2020 年，社会保障基金投资收益额 3786. 60 亿元，投资收益率 15. 84%。其中，已实现收益额 2045. 74 亿元（已实现收益率 9. 58%）。此外，自成立以来，社会保障基金的年均投资收益率为 8. 51%，累计投资收益额 16250. 66 亿元。从国家医保局获悉，2020年，全国医保系统深入开展打击欺诈骗保专项治理和飞行检查，全年共处理违法违规医药机构 39 万家，追回医保资金 223. 1 亿元。如何建立社会保障基金征缴、管理、发放的科学运营模式，如何建立有效的监管机制和公众监督机制，已经成为当下中国社保问题的燃眉之急。改革当前社会保障基金的管理机制，进一步提高社会保障基金的安全性和收益性，不仅是保障广大民众老有所养的需要，也是维护社会稳定、促进社会和谐的必要之举。

（一）社会保障基金的概念及特点

1. 社会保障基金的概念

社会保障基金是国家、单位及个人进行统筹而积累的专项基金，用于社会成员在出现生、老、病、死、失业、贫困等情况时，为他们提供一定物质帮助的专项基金。

2. 社会保障基金的特点

社会保障基金特点，首先具有专款专用性，社会保障基金是为了满足社会保障的需要而建立起来的专项资金，是保障全体社会成员由于年老、疾病、失业、工伤、贫困等各种原因导致生活质量下降甚至无法维持基本生活而建立的具有特定用途的资金，各项基金都有专门用途，既不能混合使用，也不能挪作他用。上述"上海社保案"首先就违反了社会保障基金的这一特性。其次，社会保障基金具有国家法定性。社会保障基金作为一项旨在保障劳动者和社会成员的基本生活的物质基础，是根据国家立法建立起来的，并通过法律法规的形式明确规范基金的来源、筹集、储存、管理及运营等，以确保社会保障制度的正常运行。最后，社会保障基金具有强制性，社会保障基金是国家通过法律法规强制筹集、管理和使用的，它的运用受到法律法规的规范和限制。社会保障基金的缴费标准、缴费项目，待遇给付和给付条件等均由国家的法律法规或地方政府的条例统一规定。任何单位和个人均无选择和更改的权利。社会保障基金管理机构必须依法实施社会保障基金的投资运营，确保社会保障基金具有稳定的资金来源和安全有效的基金管理方式。

（二）社会保障基金的来源

从社会保障基金的来源与使用方向来考察其性质，社会保障基金应该是在国民收入的初次分配和再分配过程中形成，从国家财政收入、企业收入和劳动者收入中分解出来，用于社会保障事业的一种消费性的社会后备基金（见图 6 – 1）。

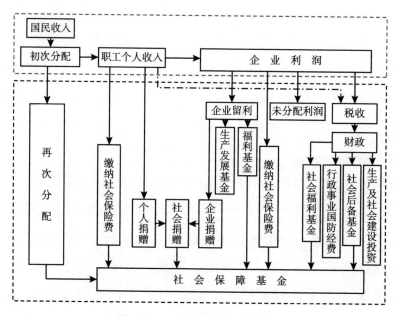

图 6 – 1　社保基金形成路线

具体来讲，一方面，国民收入经过初次分配形成国家、企业或集体、个人的原始收入，政府通过财政拨款、企业或单位统筹及个人缴费等方式来建立社会保障基金；另一方面，根据一定的法定条件实现国民收入再分配，向不同项目的社会保障对象提供经济援助和福利服务。社会保障基金的建立是在实践中先积累后支付的，客观上表现为社会后备基金形态。不管其来源于什么渠道，但最终只能用于全体社会成员和劳动者在特定情况下的经济援助，不能挪作他用，不能用于弥补财政赤字。

（三）社会保障基金的构成

社会保障基金的构成是指社会保障基金包括哪些项目和内容。这既与社会保障基金的理论界定有关，又同时与实践相关联，是一个动态的范围，因为一个国家的社会保障基金的具体构成项目，不仅取决于社会保障所要防范的风险因素，还要根据一个国家的经济发展水平和管理能力来决定。

理论上，依据社会保障基金来源渠道分析，可以把社会保障基金概括为由国家资助、企业缴费、个人缴费三部分构成；依据社会保障最终用途分析，社会保障基金的构成是与社会保障项目体系相一致的。从我国的社会保障基金建立和运行的实践来看，社会保障基金真正建立起来并按照基金模式运行和管理，主要体现在社会保障基金项目上（见图 6 - 2）。

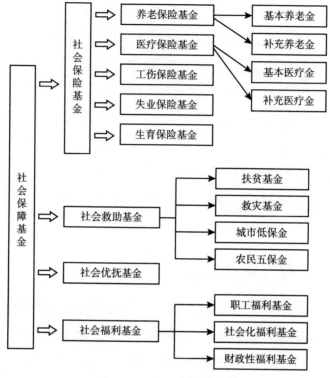

图6-2 社保基金构成

社会保障基金的分类可以根据基金的不同性质和特征进行划分。为了加强管理社保基金，必须进行科学合理的分类，这既有助于社会保障基金的筹资和使用，也有助于社会保障基金的监督和管理。

国际劳工组织的社会保障公约规定，社会保障基金包括医疗、疾病、失业、工伤、老年、家庭津贴、残疾、生育和遗属九个方面的资金，这是从社会保障所要防范的风险的角度提出来的。在我国，按照社会保障资金的用途及功能，可以分为六大类：社会保险基金（五个项目的基金）、住房公积金、企业年金、财政性社会保障基金（三大子项目基金）、福利彩票基金和全国社会保障基金。其中，社会保险基金因为资金最集中，且资金量最大而成为社会保障基金管理的核心。

按社会保障基金的不同来源，主要可以分为三大类。

第一种，来源于政府一般税收收入并纳入各级财政预算中进行管理的社会保障资金，支出主要用于社会救助、社会福利和优抚安置以及对社会保险基金进行补贴等方面，前三项基金由各级民政部门管理，后一项由社会保险经办机构管理。政府是社会保障最主要的责任主体，财政拨款是社会保障基金固定的、主要的来源。例如，2008年的汶川地震，国务院正式通过及颁布了《汶川地震灾后恢复重建总体规划》，列明中央财政将建立3000亿元的中央恢复重建基金用于灾后重建。财政部颁布《汶川地震灾后恢复重建贷款中央财政贴息管理办法》，确定中央财政对汶川灾区恢复重建贴息贷款政策持续到2011年。贴息的范围主要包括汶川地震灾区基础设施恢复重建、企业恢复生产和重建，以及农业、林业恢复生产和重建贷款等。

第二种，按照国家法律、法规规定由用人单位和劳动者按规定缴纳的社会保险费，一般由各级社会保险经办机构（社会保险基金管理中心）进行管理。用人单位承担社会保障责任的方式就是依法并按雇员工资总额的一定百分比为其雇员向社会保险机构缴纳社会保险费（见表6-1）。

表6－1　　　部分国家社保基金来源占 GDP 的比重　　单位:%

国别	社会保险缴费			税收	其他	合计
	合计	雇主	个人			
美国（1995 年）	8.86	4.76	4.09	7.23	2.41	18.50
德国（1996 年）	19.51	10.80	8.71	9.23	0.73	29.47
英国（1998 年）	15.03	7.90	7.13	13.99	0.20	29.23
法国（1998 年）	20.31	14.22	6.90	9.38	0.89	30.58
瑞典（1998 年）	17.52	14.17	3.35	16.60	2.13	36.25
日本（1998 年）	10.69	5.57	5.12	4.28	2.38	17.35

资料来源：经合组织网站（www.oecdchina.org）给出的各国社保基金和 GDP。

第三种，即通过企业和个人缴费、社会团体及个人自愿捐赠等多种渠道筹集的社会保障基金，如住房公积金、福利彩票基金等。这种方式中，"募捐"方式是许多国家筹集社会保障资金的一个非正式但非常流行的渠道。其特点是以爱心为道德基础，以自愿捐献为基本特征，主要由民间慈善团体作为承担机构，资金的主要用途用于社会救助和社会福利。例如，2008 年的汶川地震灾后重建中，除了政府的财政拨款外，还有很大一部分来自民间慈善捐助，截至 2009 年 2 月 12 日前，共接收国内外社会各界捐赠款物总计 4174.2 亿元。而我国的民间慈善事业正在呈现出飞速发展。

除了募捐的形式以外，还有发行福利彩票的方式。这两种方式都属于国民收入分配中的第三次分配。福利彩票发行的宗旨是"扶老、助残、救孤、济贫"，福利彩票基金本着"取之于民，用之于民"的原则，把筹集的社会公益资金全部用于支持社会福利和社会公益事业。福利彩票是政府社会保障制度的有益补充。2020 年，全国发行销售彩票3339.51 亿元。分机构看，福利彩票机构发行销售彩票1444.88 亿元，体育彩票机构发行销售彩票 1894.63 亿元。2020 年中央财政当年收缴入库彩票公益金 480.6 亿元，加上 2019 年度结转收入 3.99 亿元，共 484.59 亿元。经全国人大审议批准，2020 年中央财政安排彩票公益金支出298.64 亿元①。

五、课程思政教学反思

社会保障基金是社会稳定的"安全网"。工业化生产与自然经济形态相比，职业风险和社会风险程度都大大增加，无论是劳动者还是用人单位，仅靠个人和家庭往往难以抵御这些风险。国家通过社会保障制度筹集社会保障基金，把众多社会成员联结在一起，共同化解风险，突破了

① 王世让. 财政部：去年全国筹集彩票公益金 967.81 亿元 [N]. 中国体育报，2019 - 09 - 03 (5).

家庭、行业、地域的局限，有利于减少社会贫困，避免社会动荡。

除此之外，社会保障基金有利于社会的公平正义，是收入分配的"调节器"。社会保障基金作为必要劳动的一种补偿形式，它具有"有偿性"；作为社会救济形式，它具有"无偿性"。与此相对应的，这部分基金的分配，既要根据劳动者自我贡献的大小体现出差别，又要根据"无偿性"的特点，在全社会范围内带有统一性和"强制性"。因此，社会保障基金的这种双重性符合社会主义建设中的效率与公平的原则。另外，社会保障基金可以促进经济增长，并且是经济发展的"减震器"。政府通过调整社会保障的项目和标准，可以改善居民消费预期，调节社会总需求，有助于减少经济波动的振幅。党的十九届五中全会提出"健全多层次社会保障体系""实施积极应对人口老龄化国家战略"。这是以习近平同志为核心的党中央深刻把握我国经济社会发展形势，立足全局、着眼长远做出的重大部署。全国社会保障基金作为国家社会保障储备基金，是多层次社会保障体系的重要组成部分，也是应对人口老龄化的重要财力基础。做大做强全国社保基金，为积极应对人口老龄化提供坚实资金保障，并更好地发挥其在社会保障体系中的"压舱石"作用，这对于我国经济社会持续健康发展具有重要意义。

六、教学课件展示

社会保障基金

- 全国社保基金2020年度报告出炉，截至2020年末，社保基金资产总额29226.61亿元。从投资业绩来看，2020年，社保基金投资收益额3786.60亿元，投资收益率15.84%。其中，已实现收益额2045.74亿元（已实现收益率9.58%）。此外，自成立以来，社保基金的年均投资收益率为8.51%，累计投资收益额16250.66亿元。
- 从国家医保局获悉，2020年，全国医保系统深入开展打击欺诈骗保专项治理和飞行检查，全年共处理违法违规医药机构39万家，追回医保资金223.1亿元。

一、社会保障基金的概念及特点

1. 概念

社会保障基金是国家、单位及个人进行统筹而积累的专项基金，用于社会成员在出现生、老、病、死、失业、贫困等情况时，为他们提供一定物质帮助的专项基金。

2. 特点

- 提供收入补偿
- 均衡社会消费
- 规避社会风险
- 体现社会公平

在金融市场中，可根据社会保障制度、计划、项目的特点，采用不同的金融工具进行多方面的投资：

◎ 使社会保障基金成为国家建设资金，使金融市场获得长期的、稳定的资金来源，繁荣金融市场。

◎ 实现社会保障基金的保值、增值。

二、社会保障基金的来源

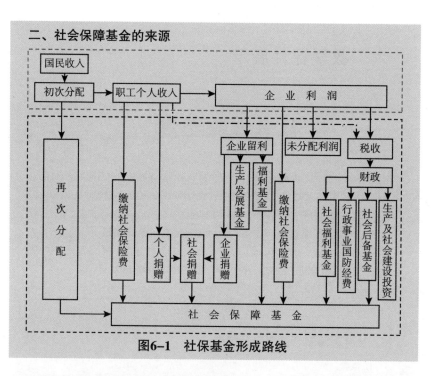

图6-1　社保基金形成路线

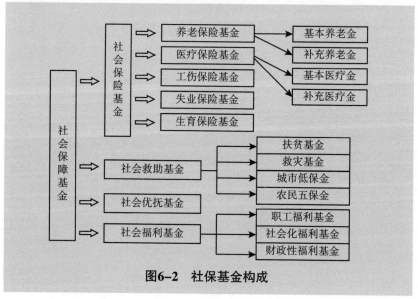

图6-2　社保基金构成

三、社会保障基金的分类

1. 财政拨款

　　指国家通过经常性预算和财政性质拨款等形成的专门用于救助困难群体的社保基金，国家对不同社会保障项目的资助力度是不同的。

2. 用人单位和个人缴费

　　雇主承担社会保障责任的方式就是依法并按雇员工资总额的一定百分比为其雇员向社会保险机构缴纳社会保险费。

3. 社会筹资

※ 社会捐赠（民间慈善公益机构负责征集和发放）。

※ 募捐。

· 募捐是许多国家筹集社会保障资金的一个非正式但非常流行的渠道。

· 特点：以爱心为道德基础，以自愿捐献为基本特征。

· 承担机构：民间慈善团体。

· 资金的主要用途：社会救助、社会福利。

中国的慈善
2006年慈善捐赠总额：181.43亿元，占GDP 0.086%
2007年慈善捐赠总额：223.16亿元，占GDP 0.09%
2019年慈善捐赠总额：1701亿元

※ 发行福利彩票。

· 2020年，全国发行销售彩票3339.51亿元。分机构看，福利彩票机构发行销售彩票1444.88亿元，体育彩票机构发行销售彩票1894.63亿元。2020年中央财政当年收缴入库彩票公益金480.6亿元，加上2019年度结转收入3.99亿元，共484.59亿元。经全国人大审议批准，2020年中央财政安排彩票公益金支出298.64亿元。

第七章　社会保险课程思政
——失业保险领取条件

一、课程教学目标

本章重点探讨失业保险的内涵、意义和领取条件等内容。通过对本章进行学习和思考，有助于让学生对失业保险的相关理论和运行模式有深入的理解和掌握，能够运用失业保险的相关理论知识帮助劳动者在遇到失业时渡过难关，解决在社会实践中可能遇到的失业相关问题，尤其对于助推就业优先政策具有一定的借鉴和参照价值。

二、思政育人目标

通过学习和掌握失业保险的领取条件，能够从以下三个方面实现思政育人目标：一是培养学生的民生观念，树立以人民为中心的民生保障理念，让学生认识到失业保险对于稳民生、保发展的重要性；二是让学生了解失业保险是一项基本的社会保险项目，每个劳动者都有获得失业保险的权利，在就业过程中遇到失业问题时能够有效利用这项权利去维护社会公平公正；三是将权利和义务对等原则融入课程讲解中去，在享有权利的同时要履行缴费义务，让学生明白享受权益的前提是履行应尽的义务，能够增强学生对于社会保障问题的深入理解和个人在社会中应该承担的责任。

三、课程思政教育融入点

（一）以人民为中心的民生观

以人民为中心是中国共产党民生价值观的核心要义之一，以人民为中心的民生观不仅包括人们物质生活水平的提升，也包括生活质量的改善。就业是最大的民生，也是促进人民生活，提高人民生活质量的前提条件，失业保险则为这一前提条件提供了制度支撑。以失业保险制度完善和覆盖面扩张为切入点，增强人们抵御不确定风险的能力，是以人民为中心民生观的内涵需要。

（二）公平公正的价值观

公平公正是社会保障的基本原则。失业保险作为社会保障的重要项目，维持社会稳定，为面临失业的人们提供基本的生活保障，正是社会保障公平公正价值观的体现。关注不稳定就业等弱势群体是扎实推进共同富裕的内在要求，也是实现社会公平公正所面临的难题。失业保险是不稳定就业群体实现公平公正的制度性安排，也是失业保险的具体功能体现。

（三）权利义务的责任观

享有权利和履行义务是社会保障的基本原则。《中华人民共和国劳动法》第 72 条规定，劳动者和用人单位必须依法参加社会保险，缴纳社会保险费。劳动者在失业状态下获得失业补偿是一项基本权利，但领取失业保险的前提是履行了缴费义务，体现了个人责任、政府责任和社会责任的统一性。由权利和义务统一性组成的社会保险权也是现代市场经济活动中劳动者享有的关键权利之一。

四、课程思政实施

（一）导入新题

失业保险是社会保险项目的重要组成部分，是关于劳动者面临失业时获得基本生活保障的一项制度安排。那么，什么是失业保险？失业保险对于实现以人民为中心的民生理念能够起到怎样的作用？失业保险怎样保障劳动者面临的不确定风险？在遇到失业时，领取失业保险需要履行怎样的义务?

(二) 阐述失业保险的内涵, 提升学生民生观理念

1. 失业保险的定义

失业保险是通过国家立法强制实行的, 由社会集中建立失业保险基金, 对因失业而造成暂时失去生活来源的劳动者提供一定的补偿和帮助, 以保障失业人员在失业期的基本生活需要, 进而促进劳动者实现再就业的一项社会保障制度。

2. 失业保险的特点

(1) 普遍性。保障劳动者失业后的基本生活,《失业保险条例》规定城镇所有企事业单位及其职工, 只要劳动者本人符合规定, 都有享受失业保险待遇的权利, 体现了普遍性原则。

(2) 强制性。通过法律法规强制实行, 以立法形式强制用人单位及其职工履行失业保险缴费责任, 参加失业保险项目。

(3) 互济性。从失业保险基金来源看, 个人、单位和国家筹集的失业保险基金计入社会统筹账户, 在统筹区域内统一使用, 体现了互助共济的特点。

提问学生:失业保险与就业优先政策的内在关联有哪些 (从学生想法切入进行师生互动)?

（三）讲解失业保险的意义，培育学生公平公正观

（1）保障劳动者的基本生活需要。

（2）促进经济和社会的稳定。

（3）推动劳动力再就业。

（4）合理配置劳动力。

（5）调节贫富差距，实现共同富裕。

因此，以就业导向型促进劳动者福利供给的持续性和稳定性，通过对劳动者失业期提供基本保障，实现劳动者在不同职业转换期的过渡和职业延续，这是失业保险在公平公正领域的具体体现。

[**案例 7 - 1**] 蒋某最近与工作单位解除了劳动关系，但她倍感烦恼，因为她已经 47 岁了，就快达到退休年龄了，蒋某担心现在变成靠失业金过日子的失业人员，那之前缴纳了几十年的社会保险不就都不作数了吗？

案例分析：（1）本案例的关键在于失业人员达到退休年龄是否可以办理退休手续的问题。养老保险是指当劳动者达到法定退休年龄、工龄、缴费年限或因病致残完全丧失劳动能力而退出工作岗位时，能够从国家和社会获得物质帮助和补偿的一项制度。《国务院关于建立统一的企业职工基本养老保险制度的决定》明确了相关规定，个人缴费年限累计达到 15 年的劳动者，办理退休手续后就可以按月

领取基本养老金。因此，如果蒋某满足了领取养老保险的缴费年限条件，那么不管她是否失业，她都有正常办理退休手续，领取养老保险的权利。

（2）对于其他就业情况也有具体的处理意见。职工在与原单位解除劳动关系进入新单位后，劳动保障局的相关部门会与原单位、再就业单位和职工本人核实养老保险账户及缴费等相关信息，审核无误后发放并公示社会保险缴费接续通知；对于从事个体经济的再就业人员，其社会保险关系也需由社保经办机构为其办理接续手续，继续征收社会保险费，计入个人账户；对灵活就业或未实现再就业人员，经办机构也会为他们开通提供个人缴费服务的便利窗口；对于无力负担社会保险费用的人员，社会保险经办机构有义务保留他们的社会保险关系，并告知其个人账户的结存情况、领取待遇的条件和办法。因此，职工在就业情况发生变化后，应积极主动前往社会保险经办机构办理相关转移接续手续以保障自身的权益。

[案例 7 - 2]　赵某是一名进城务工的农民工，于 2019 年 3 月入职一家服装工厂从事生产工作，该单位从当月为其缴纳失业保险，因其农村户籍的原因，赵某个人不需承担个人缴费责任。2020 年 6 月，由于受到疫情冲击，该厂订单急剧缩减，大量裁员，赵某也属于被裁人员之一，处于失业状态。赵某前往当地失业保险部门咨询是否可以领取失业保险金，工作人员核对了他的就业参保情况告诉他，他最多可以领取

12 个月的失业保险金。最终，赵某在工作人员的帮助下，领取到了失业金，缓解了燃眉之急，并于 9 月顺利就业。

案例分析：本案例体现了失业保险保障劳动者基本生活需要、推动劳动力再就业的作用。失业保险是就业社会保障体系中最重要的项目，它对保障失业者的基本生活、促进再就业、弱化失业负效应、维持社会稳定有着积极意义。《中华人民共和国社会保险法》第四十五条规定，失业人员非因本人意愿中断就业的，在失业前工作单位和本人缴纳失业保险满 1 年的，已经进行失业登记，并有求职要求的，可以领取失业保险金。因此，案例中的赵某缴费已超过 1 年，受疫情影响失去工作，失业保险部门理应为其发放失业保险金，以保障赵某的基本生活不受影响。

（四）分析失业保险领取条件，增进学生权利义务观

1. 失业保险领取应同时满足以下条件

（1）缴费满 1 年，根据规定参加了失业保险项目。

（2）除本人意愿外的其他因素造成就业中断情况。

（3）在相关部门办理失业登记手续，并在求职过程中。

总结：失业保险的领取条件之一是按照规定履行了缴费义务，并处于失业状态中，有求职期望且在当地进行了失业登记的劳动者。该领取条件属于非本人因素造成的失业类型，可按照相关规定领取失业保险金。

2. 失业保险的领取期限

《失业保险法》第四十六条规定，失业人员失业前用人单位和本人累计缴费满 1 年不足 5 年的，领取失业保险金的期限最长为 12 个月；累计缴费满 5 年不足 10 年的，领取失业保险金的期限最长为 18 个月；累计缴费 10 年及以上的，领取失业保险金的期限最长为 24 个月。重新就业后，再次失业的，缴费时间重新计算，领取失业保险金的期限与前次失业应当领取而尚未领取的失业保险金的期限合并计算，最长不超过 24 个月。

说明：对于劳动者而言，领取失业金没有等待期的限制，但对于给付期限有一定要求。根据《失业保险条件》中缴费时间满 1 年不足 5 年的情形，领取失业保险金最长期限为 12 个月。但在实际中，各地会根据实际情况在同一缴费档次内适当拉开失业保险的领取期。因此，不能理解为只要缴费年限达到上述要求的都能领取 12 个月的失业保险金，应具体看待。

3. 失业保险的领取次数规定

目前没有关于失业保险领取次数的具体规定。《社会保险法》和《失业保险条例》仅规定了领取失业保险的条件，对于享有失业保险的领取次数并没有具体要求。在符合规定范围内的失业者，履行了相关缴费义务，达到领取条件的失业者均可以领取失业保险金，而不受领取次数的影响。

[案例7-3] 王四2016年1月入职M公司并为其缴纳了失业保险，2019年1月王四由于自身原因从M公司离职。王四于6个月后入职N公司并参加失业保险，于2021年1月因合同到期后再次失业。

问题1：在案例7-3中，王四于M公司失业后，能否领取失业保险金？王四领取失业保险金期限最长是多久？请说明理由。王四在N公司失业后，是否能够申请失业保险金？

案例分析：（1）王四在M公司失业后，不符合申请失业保险金的条件。依据《失业保险条例》第十四条，同时符合以下条件的失业者可以申领失业保险金：已参加失业保险，所在单位和本人已按照规定履行缴费义务满1年的；非因本人意愿中断就业的；已按规定办理失业登记，并有求职要求的。根据该条件，王四在M公司离职的原因属于个人主动辞职，不符合条例中关于"非因本人意愿中断就业"的条件要求。

（2）王四在N公司失业后，符合领取条件。理由是王四在N公司是因合同到期后解除了原有的劳动关系造成的失业情况，并且满足失业金领取的其他条件。因此，王四可以在N公司失业后领取失业保险金。

（3）享受期限最多是12个月。根据《社会保险法》第四十六条规定，失业人员失业前用人单位和本人累计缴费满1年不足5年的，领取失业保险金的期限最长为12个月；

累计缴费满 5 年不足 10 年的，领取失业保险金的期限最长为 18 个月；累计缴费 10 年及以上的，领取失业保险金的期限最长为 24 个月。重新就业后，再次失业的，缴费时间重新计算，领取失业保险金的期限与前次失业应当领取而尚未领取的失业保险金的期限合并计算，最长不超过 24 个月。王四在 M 公司缴纳失业保险金的期限为 3 年，在 N 公司缴纳失业保险金的期限为 1.5 年，合并计算为 4.5 年。根据规定，累计缴费满 1 年不足 5 年的，失业保险金领取期限最长为 12 个月。因此，王四可享受最长 12 个月的失业保险金。

[案例 7 – 4] 李某 2019 年 1 月失业后，申请了失业保险金。根据李某缴费时间规定，可以领取 15 个月的失业金。2019 年 3 月，李某从亲戚处获得了一份 6 个月的临时性工作，该工作可以为李某支付一定工资并为其缴纳失业保险。此外，李某还同时积极寻找其他工作。李某领取失业保险金的所在机构获知其情况后，从 3 月开始停发了其失业保险金。

问题： 案例 7 – 4 中，如果李某在 6 个月后再次失业，是否能够继续领取失业保险金？

案例分析： 可以继续领取失业保险金。根据《失业保险金申领发放办法》第十五条规定，失业人员在领取失业保险金期间重新就业后不满一年再次失业的，可以继续申领其前次失业应领取而尚未领取的失业保险金。在本案例中，李某如果在其所在临时工作 6 个月后再次失业，可以继续申请领取前次失业期间尚未领取的失业保险金。

～～～～～～～～～～～～～～～～～～～～～～～～

[**案例 7 – 5**] 2019 年的一天，某省一高校劳资部门收到了劳动保障部门发放的关于该高校自 1999 年以来未缴纳的失业保险费以及滞纳总金额的失业保险催缴通知单。该校劳资处处长立即联系劳动保障部门，声称高校属于事业单位，不存在失业人员，因此不用缴纳失业保险费。劳保部门的工作人员表示《失业保险条例》明确规定事业单位也需参与失业保险。劳动保障部门工作人员的解释是否属实呢？

～～～～～～～～～～～～～～～～～～～～～～～～

案例分析：（1）本案的疑问是事业单位是否应该缴纳失业保险。失业保险是指国家通过立法强制建立失业保险基金，由社会筹资，对非因个人原因失业、中断收入的劳动者提供一定期限的物质帮助以及再就业服务的社会保险制度。失业保险的覆盖范围为绝大多数劳动者，各类性质的单位部门和行业都应囊括其中。我国失业保险的适用范围从 1986 年《国营企业职工待业保险暂行规定》中的四类人拓展至 1993 年《国有企业职工待业保险规定》的七类九种人和实行企业化管理的事业单位职工。此后根据中央关于事业单位人事制度改革的指示，现行的《失业保险条例》进一步将事业单位纳入失业保险范围，由此可以看出我国失业保险制度不断完善，其适用群体也在逐步扩大。因此本案中的高校作为事业单位，依然需要按照现行规定缴纳失业保险费。

（2）从这个案例中我们可以知道，即使不存在失业人员的企事业单位也必须参与失业保险，缴纳失业保险费用，因为这是国家的强制规定，是不可避免的责任义务。

[案例 7-6] 今年 8 月，某地区的一家石油公司为控制人工成本提高劳动效率，号召该公司的员工与公司解除劳动合同，并承诺提供一定补偿。李某是该公司的职工，其因与公司的劳动合同期满，就顺应号召，解除了与该公司的劳动合同。国务院第 258 号令《失业保险条例》指出，失业保险部门应该给与单位解除劳动关系的失业人员发放失业津贴。李某和该公司依照政策按时按规定向失业保险部门缴纳失业保险金，但当李某前往当地社保局领取失业保险金时，失业保险部门却以公司为解除劳动关系提供了相应补偿为由而拒绝发放失业金。

问题：该地失业保险部门的行为是否合法？失业保险部门是否还需要为有偿解除劳动关系的失业人员发放失业金？下岗职工应采取哪些措施保障自身的合法权益？

案例分析：（1）本案的焦点是单位有偿与职工解除劳动关系后，失业职工是否还可以继续领取失业津贴的问题。劳动部关于贯彻执行《中华人民共和国劳动法》若干问题的意见对此类问题规定了解决办法，不管员工是否领取失业保险金，企业单位都应为按照规定解除劳动合同的员工提供一定经济费用作为补偿，失业保险部门也不得以失业员工已经领取了单位补偿金为由而拒绝发放失业津贴。因此，即使李某获得了原单位给予的解约补偿金，失业保险部门也应当按照国家规定向其发放失业保险金。

（2）国家对失业保险金的领取期限也作了具体规定。《失业保险法》第四十六条规定，失业人员失业前用人单位和本人累计缴费满 1 年不足 5 年的，领取失业保险金的期限最长为 12 个月；累计缴费满 5 年不足 10 年的，领取失业保险金的期限最长为 18 个月；累计缴费 10 年及以上的，领取失业保险金的期限最长为 24 个月。重新就业后，再次失业的，缴费时间重新计算，领取失业保险金的期限与前次失业应当领取而尚未领取的失业保险金的期限合并计算，最长不超过 24 个月。各省、自治区、市人民政府可根据各地经济发展状况确定失业保险金的计算标准。

（五）专题案例：由单位失误造成失业保险金损失的情况

[案例 7-7] 侯某于 2011 年 8 月 22 日入职 A 企业柳州分公司，双方签订了期限为 2011 年 8 月 22 日至 2014 年 12 月 31 日的劳动合同。后侯某与 A 企业柳州分公司及 A 企业南宁分公司三方签订协议，约定侯某与 A 企业柳州分公司签订的劳动合同终止，同时由侯某与 A 企业

南宁分公司签订期限为 5 年（2012 年 10 月 1 日至 2017 年 9 月 30 日）的劳动合同。上述劳动合同期满后，A 企业南宁分公司作出《关于与侯某终止劳动关系的决定》，以劳动合同期满为由，决定从 2017 年 10 月 1 日起与侯某终止劳动关系。A 企业南宁分公司为侯某缴纳了在职期间的失业保险费，但因该公司在操作社保网时填写错误，申报职工减少时对侯某变更原因按"辞职"申报，侯某因此未能领取失业保险金。

2018 年 8 月，侯某向南宁市劳动人事争议仲裁委员会申请仲裁。同年 12 月，仲裁委员会裁决 A 企业南宁分公司应向侯某支付失业金损失等费用。A 企业南宁分公司不服裁决结果，遂诉至青秀区法院。

问题： 单位是否需要承担侯某失业保险金损失责任？

案例分析：《广西壮族自治区失业保险办法》对用人单位应当赔偿劳动者失业保险金的范围进行了规定。而本案中，用人单位 A 企业南宁分公司已按规定参加失业保险并为侯某缴纳失业保险费，在双方解除劳动关系后，也为侯某出具了终止劳动关系的证明和参加失业保险缴费情况等有关材料，但是在向南宁市社会保险事业局申报职工减少时对侯某变更原因未如实按"劳动合同终止"申报，而是按"辞职"申报，导致侯某无法享受失业保险待遇。上述情形不符合《广西壮族自治区失业保险办法》第三十六条关于用人单位应当向劳动者双倍赔偿失业金损失的规定，A 企业南宁分公司无须双倍赔偿侯某失业保险金损失，但确实因 A 企业南宁分公司的行为过错，导致侯某无法享受失业保险待遇，A 企业南宁分公司应按侯某原可享有的失业保险待遇向侯某赔偿损失。

法条链接：《广西壮族自治区失业保险办法》第十三条规定，单位应在与职工（含农民合同工）终止或者解除劳动关系之日起 7 日内履行以下责任：（一）将失业人员的名单报受理其失业保险业务的经办机构备案；（二）为失业人员出具终止或解除劳动关系的证明和参加失业保险缴费情况等有关材料；（三）书面告知失业人员到受理其就业服务与失业保险业务的经办机构办理求职登记、失业登记、申办失业保险待遇。

第三十六条规定，单位不按规定参加失业保险和缴纳失业保险费、不按本办法第十三条规定履行有关责任，致使职工失业后不能享受失业保险待遇或影响其重新就业的，应当承担赔偿损失责任。赔偿标准为失业人员应当领取失业保险金或者一次性生活补助的 2 倍。

案例评述：单位应承担由自身过失造成的劳动者失业保险金损失的补偿责任，不应该推卸责任，损害劳动者权益。对于劳动者而言，当自身权利受到不正当剥夺时，应运用法律手段维护自身合法权益。在本案例中，一方面，企业应严格履行《中华人民共和国劳动合同法》（以下简称《劳动合同法》）和《社会保险法》的相关规定，并要承担相应的社会责任，关心员工的合理合法诉求；另一方面，相关法律承担了维护广大劳动者的权益武器，尤其是对于劳动者、弱势群体，法律规章的完善能够有效增进他们的社会福利，促进社会公平公正。

五、课程思政教学反思

就业是最大的民生，为人民群众解决就业失业的后顾之忧，是人民对美好生活向往的具体体现。以人民为中心的民生观，展现了以提升幸福感、安全感和获得感为要义的中国特色社会主义发展理念。本次课程通过理论讲授、案例探究、课堂研讨等多种方式，详细分析了失业保险的内涵、作用和意义，尤其对失业保险的领取条件进行了案例论证，对于提升学生理论与实践的结合能力具有较强的借鉴。在讲授过程中，首先对就业问题的理论切入，引导学生认识和了解就业在民生问题中的重要性，进而引致失业保险对于保障就业的重要意义。其次，对于失业保险与民生的契合点进行解读，从民生观理念、公平公正原则和权利义务统一性进行讲授，有利于促进学生对于失业保险助推民生事业发展重要性的认知。最后，通过案例分析培养学生对于失业保险理论与实践结合的能力，塑造理论指导实践，实践促进理论的知识衔接。当然，在讲授中也有一定的不足之处，主要表现在受疫情影响，难以开展实地的调查活动，在实践和理论结合方面还需要进一步优化。

六、教学课件展示

失业保险领取条件

一、失业保险思政教学目标

- 失业保险的内涵、意义和领取条件。
- 增进学生对失业保险的相关理论和运行模式的理解和掌握。
- 运用失业保险知识帮助劳动者在遇到失业时渡过难关。
- 助推就业优先政策。

二、思政育人目标

- 让学生认识到失业保险对于稳民生、保发展的重要性。
- 促进学生在就业过程中遇到失业问题时能够有效利用这项权利去维护社会公平公正。
- 增强学生对于社会保障问题的深入理解和个人在社会中应该承担的责任。

三、课程思政教育融入点

（一）以人民为中心的民生观
（二）公平公正的价值观
（三）权利义务的责任观

四、课程思政实施

（一）导入新题
- 什么是失业保险？
- 失业保险对于实现以人民为中心的民生理念能够起到怎样的作用？
- 失业保险能够怎样保障劳动者面临的不确定风险？
- 在遇到失业时，领取失业保险需要履行怎样的义务？

（二）阐述失业保险的内涵和特点

- 内涵

　　失业保险是指国家通过立法强制实行，由政府负责建立基金，对**非因本人意愿中断就业**而失去工资收入的劳动者提供一定时期的**物质帮助**及**再就业服务**的一项社会保险制度。

- 特点

　　（1）普遍性；（2）强制性；（3）互济性。

（三）讲解失业保险的意义

- 保障劳动者的基本生活需要。
- 促进经济和社会的稳定。
- 推动劳动力再就业。
- 合理配置劳动力。
- 调节贫富差距，实现共同富裕。

（四）分析失业保险的领取条件

1. 失业保险的领取条件
2. 失业保险的领取期限
3. 失业保险的领取次数

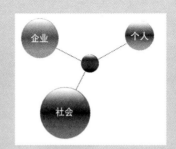

五、失业保险案例分析

案例介绍

案例评析

线上讨论

教学反思

第八章 劳动法与社会保障法课程思政——劳动合同订立原则[*]

一、课程教学目标

该部分在对《劳动合同法》立法背景进行阐释的基础上，详细介绍劳动合同订立的作用、订立原则等内容。通过本部分内容的学习，使学生能够对《劳动合同法》相关法律条款有深刻的理解和掌握，并能够灵活运用所学法律知识解决社会实践中的问题，达到学以致用的目的。

二、思政育人目标

通过掌握劳动合同的订立原则，一方面，使学生不仅懂

---

    * 第八章和第九章是 2020 年度安徽省级质量工程项目（2020wyxm011）的部分研究成果。

得用人单位与学生之间的地位是平等的，以及就业后当自身权益受到侵害时如何利用法律保护自身合法权益，增强学生法治意识。另一方面，将诚实信用等原则在劳动合同的订立以及在社会主义核心价值观中对公民层面的要求融入课程讲解，强调当代大学生应提升劳动素养，规范劳动行为，树立诚实信用的职业道德观。

三、课程思政教育融入点

（一）自由

自由是人的本质属性，将自由作为社会层面的价值取向，就是要确保公民享有自由的权利，营造既有自由、又有纪律的社会环境，为每一个公民的全面发展创造良好的社会条件。因此，劳动合同在订立时也要遵循自愿原则。

（二）平等

社会主义核心价值观把平等作为社会层面的价值取向，即要尊重和保障人权，通过平等的社会机制和价值引导保障每个人都能够有实现梦想的机会。劳动合同在订立时也要遵循平等原则。

（三）法治

社会主义核心价值观把法治作为社会层面的价值取向，

就是要制定各项法律、完善法律制度，坚持法律面前人人平等的原则，在中国共产党的领导下，依照法律管理国家事务、社会事务，在全社会形成遵纪守法的良好风气。

《劳动合同法》规定，建立劳动关系，应当订立书面劳动合同。订立书面劳动合同既有助于明确劳动关系双方的权利义务，互相督促对方按照劳动合同的书面约定履行自己的义务，也有利于相关职能部门对劳动力市场进行有效监督，对违反《劳动合同法》的行为予以及时的惩处，规范劳动力市场秩序。此外，《劳动合同法》也规定在订立劳动合同时必须遵循合法原则，这些都有助于实现法治。

（四）诚信

诚信是社会主义核心价值观的重要内容，将诚信作为公民个人层面的价值准则，就要大力加强诚信建设，不断完善各种必要的法律和制度，杜绝失信行为产生的渠道，让诚信真正内化于心、外化于行。因此，劳动合同在订立时也要遵循诚信原则。

四、课程思政实施

（一）导入新课

劳动法分别规定了劳动者和用人单位这两个劳动法律关系主体依法享有的权利和依法应该履行的义务。在实践中，劳动者和用人单位的权利和义务是通过什么体现出来的呢？它是通过劳动者与用人单位签订的劳动合同体现出来的。那么，什么是劳动合同？订立劳动合同时应该遵循哪些基本原则？

（二）介绍劳动合同定义与作用，提高学生法治意识

1. 劳动合同定义

劳动合同是指劳动者与用人单位之间为确立劳动关系，依法协商达成的双方权利和义务的协议。

《劳动合同法》规定，建立劳动关系，应当订立书面劳动合同。

2. 订立书面劳动合同，实行劳动合同制度的意义

课堂讨论：

（1）你更欣赏终身雇佣制还是固定期限劳动合同制（引导学生谈谈自己的想法）？

（2）实行劳动合同制度有什么意义（学生讨论后老师归纳总结）？

①促进劳动力资源的合理配置。

②可增强劳动者的竞争意识，促进劳动者自身素质的提高。

③有利于调动劳动者的积极性和创造性。

④是维护劳动者权利和义务的法律保障。

因此，劳动合同对于保障劳动者和用人单位的合法权益，对于规范劳动力市场秩序等方面有着重要的意义。提醒学生在毕业进入劳动力市场就业时必须注意需要跟用人单位签订劳动合同，并严格履行劳动合同，以此提高学生的法治意识。

（三）讲解劳动合同订立原则，培养学生自由、平等、诚信等社会主义核心价值观

《劳动合同法》第三条规定，订立劳动合同，应当遵循合法、公平、平等自愿、协商一致、诚实信用的原则。

1. 合法原则（最基本、最重要的原则）

包括订立劳动合同时必须要满足主体合法、内容合法、程序和形式合法几方面。

主体合法是指劳动合同的当事人必须具备合法资格，劳动者应是年满 16 周岁、身体健康，具有劳动能力的公民，外国公民也可在我国就业，但其就业年龄须年满 18 周岁；用人单位应是依法成立或核准登记的企业、个体经济组织、民办非企业单位、国家机关、事业组织、社会团体，根据法律规定有使用和管理劳动者的权利。

内容合法即劳动合同内容应该符合国家法律法规的相关规定，不能违反法律规定制定一些内容，否则即使合同中有约定，也会被认定为无效。

劳动合同订立的程序和形式合法是指劳动合同订立的程序必须符合法律规定，未经双方协商一致、强迫订立的劳动合同无效。劳动合同必须以书面形式订立。

[案例 8 – 1] 2015 年 1 月，王某应聘进入淮安某机械公司上班，该公司规章制度明确规定：在公司上班期间不得与本单位其他员工建立恋爱关系，否则构成违约，公司有权将其开除，且员工不得索要相应的经济赔偿金或者经济补偿金；王某与单位签订的劳动合同亦明确禁止公司员工内部恋爱。随后，王某进入公司以后与公司张某建立了恋爱关系。碍于公司规定，王某不敢公开两人的关系，只得偷偷与张某进行交往，但仍被公司发现。2019 年 3 月 7 日，机械公司以王某违反单位规章制度为由，将其开除。

在庭审中，公司辩称，根据《劳动合同法》第三十九条规定，劳动者严重违反用人单位规章制度的，用人单位可以单方解除劳动合同，王某没有遵守公司章程，构成违约。

资料来源：黑龙江省肇源县法院网（http：//dqzyx. hljcourt. gov. cn/public/detail. php？id = 4355）。

问题：案例 8 – 1 中，机械公司的做法是否合理？

案例分析：《劳动合同法》规定劳动合同在订立时必须遵循的一个基本原则是合法原则，其中包括内容合法原则。该案例中公司开除王某的依据是公司的规章制度中规定

"禁止公司员工内部恋爱，否则构成违约，公司有权将其开除，且员工不得索要相应的经济赔偿金或者经济补偿金"。实践中，公司有权制定利于本公司发展的规章制度，但是公司制度的制定范围必须在法律范畴以内。而该公司的规章制度侵犯了王某婚姻自由的权利，违背宪法精神。因此该案例中机械公司与王某签订的劳动合同中的"禁止公司员工内部恋爱"这一内容违背了劳动合同的内容合法原则，因此是无效的。

大学生作为未来的劳动者，必须要知法懂法，要有契约精神，依据合同内容履行义务，但也要学会用法律武器保护自己，避免在实际生活中上当受骗，时刻保持警醒的头脑。

2. 公平原则

《劳动合同法》增加"公平"为订立劳动合同的原则，是要求在劳动合同订立过程中及劳动合同内容的确定上应体现公平、合理。公平原则强调了劳动合同当事人在订立劳动合同时，不能要求一方承担不公平的义务。将公平原则作为订立劳动合同的原则，旨在防止用人单位利用自己的职权损害劳动者的权利。

[案例8－2] 张某于2020年6月入职某科技公司，月工资20000元。某科技公司在与张某订立劳动合同时，要求其订立一份协议作为合同附件，协议内容包括："我自愿申

请加入公司奋斗者计划，放弃加班费。"半年后，张某因个人原因提出解除劳动合同，并要求支付加班费。某科技公司认可张某加班事实，但以其自愿订立放弃加班费协议为由拒绝支付。张某向劳动人事争议仲裁委员会（简称仲裁委）申请仲裁，请求裁决某科技公司支付 2020 年 6~12 月加班费 24000 元。

资料来源：中华人民共和国人力资源和社会保障部. 劳动者与用人单位订立放弃加班费协议，能否主张加班费？[2022 - 07 - 18] (2022 - 08 - 02). http://www. mohrss. gov. cn/SYrlzyhshbzb/ztzl/drsz ytjzc/dxal/202207/t20220718_476235. html.

案例分析： 案例 8 - 2 中的争议焦点是张某订立放弃加班费协议后，还能否主张加班费。加班费是劳动者延长工作时间的工资报酬，《中华人民共和国劳动法》第四十四条、《中华人民共和国劳动合同法》第三十一条明确规定了用人单位支付劳动者加班费的责任。约定放弃加班费的协议免除了用人单位的法定责任、排除了劳动者的权利。另外，《中华人民共和国劳动合同法》第二十六条第二款规定："用人单位在劳动合同中免除自己的法定责任、排除劳动者权利的，劳动合同无效或部分无效。"

本案中，某科技公司利用在订立劳动合同时的主导地位，要求张某在其单方制定的格式条款上签字放弃加班费，既违反法律规定，也违背公平原则，侵害了张某的工资报酬权益。故仲裁委员会依法裁决某科技公司支付张某加班费。

3. 平等自愿原则

平等原则指双方当事人法律地位平等，都有权选择对方并就合同内容表达各自独立的意志。自愿原则指在签订合同的时候，双方必须是以自身真实意愿去签订合同，如果当事人中任何一方不是自愿签订的劳动合同，则劳动合同无效。平等自愿原则是劳动合同订立的核心原则。

[**案例 8 - 3**] 强迫补签劳动合同能否要求双倍工资?

肖某于 2008 年 3 月进入某公司从事普工，双方签订了为期 2 年的劳动合同。合同到期后，双方未续签劳动合同，肖某也继续在公司上班。而在 2011 年 11 月 30 日，公司以限制人身自由的方法，强迫肖某补签了一份从 2010 年 5 月 4 日至 2012 年 3 月 4 日的劳动合同，但合同上的签订日期为 2010 年 5 月 4 日。2011 年 12 月 1 日，肖某以公司强迫补签劳动合同为由解除了与公司的劳动关系，并于 2011 年 12 月 16 日向劳动人事争议仲裁部门申请劳动仲裁，要求公司支付双倍工资差额部分。请问，肖某可以请求公司支付双倍工资的赔偿吗?

资料来源: 佚名. 被强迫补签劳动合同能否要求双倍工资 [N]. 河南法制报，2012 - 07 - 04 (14).

案例分析：《劳动合同法》规定劳动合同在订立时必须遵循的一个基本原则是自愿原则，而且《劳动合同法》第二十六条规定，以欺诈、胁迫的手段或者乘人之危，使对方在违背真实意思的情况下订立的劳动合同无效。该案例中，公司以限制人身自由的方法强迫劳动者补签的劳动合同，当然是无效的。因此，这就意味着公司与肖某之间自 2010 年 3 月第一份劳动合同到期后双方之间一直未签订书面劳动合同。按照《劳动合同法》第八十二条规定，用人单位自用工之日起超过 1 个月不满 1 年未与劳动者订立书面劳动合同的，应当向劳动者每月支付 2 倍的工资。因此，肖某可以请求公司支付双倍工资的赔偿。

平等、自由既是社会主义核心价值观，也是劳动者和用人单位在订立劳动合同时应遵循的原则，作为劳动合同任何一方主体都必须依法享有自己的权利和履行自己应该履行的义务，不能侵占对方的合法权益，共同参与法治社会建设。

4. 协商一致原则

协商一致是指合同的双方当事人对合同的各项条款，只有在双方充分表达自己意志的基础上，经过平等协商，取得一致意见的情况下，劳动合同才能成立。

5. 诚实信用原则

诚实信用原则要求当事人应本着诚实、守信、善意的态度履行合同义务，不得滥用权利或故意规避义务。

法律依据：《劳动合同法》第八条规定，用人单位招用劳动者时，应当如实告知劳动者工作内容、工作条件、工作地点、职业危害、安全生产状况、劳动报酬，以及劳动者要求了解的其他情况；用人单位有权了解劳动者与劳动合同直接相关的基本情况，劳动者应当如实说明。这些均是诚实信用原则的具体体现。

[**案例8-4**] 小李于2017年12月13日入职某咨询公司。2018年6月30日，小李与咨询公司协商一致后签订了劳动合同。2018年9月，咨询公司以发现小李入职公司时提交的学历证书信息涉嫌伪造、构成欺诈，导致劳动合同无效为由，解除了劳动合同。小李认为，咨询公司单方解除劳动合同的行为违法，遂提出仲裁申请，要求裁决咨询公司继续履行劳动合同。

仲裁委审理过程中，查明如下事实：2009年7月，小李毕业于某师范高等专科学校，学制三年、专科学历。2017年，小李入职咨询公司时，提交的简历显示受教育情况为"2005年9月至2009年7月，河北某师范学院，汉语言文学本科"；员工入职登记表中"主要教育经历"也填写为此。

资料来源：劳动保障报.违背诚信原则，劳动合同无效.（2020-07-06）[2022-01-02].https：//m.gmw.cn/baijia/2020-07/06/1301342344.html.

问题：该咨询公司以小李学历造假为由解除劳动合同是否合法？依据是什么？

案例分析：依据《劳动合同法》第三条规定，订立劳动合同，应当遵循合法、公平、平等自愿、协商一致、诚实信用的原则。

《劳动合同法》第二十六条明确规定，以欺诈、胁迫的手段或者乘人之危，使对方在违背真实意思的情况下订立或者变更劳动合同的，将导致劳动合同无效或者部分无效。

《劳动合同法》第三十九条规定，劳动者存在该法第二十六条上述情形致使劳动合同无效的，用人单位可以解除劳动合同。

《劳动合同法》第八条规定，双方均有如实告知对方与订立劳动合同直接相关事项的法定义务。

小李在填写入职登记表时，刻意隐瞒真实毕业院校和真实学历，并提交伪造的毕业证书行为，无疑违反了诚实信用原则，构成欺诈。因此，咨询公司做出的解除劳动合同决定，符合法律规定。

因此，用人单位与劳动者建立劳动关系时，有权了解劳动者与劳动合同直接相关的基本情况。特别是劳动者的受教育情况、工作简历等情况，更是用人单位决定是否与劳动者建立劳动关系，以及确定工作岗位、报酬标准、合同期限乃至职务晋升等方面的重要考量因素，这些情况属于与劳动合同直接相关的基本情况，作为劳动者负有如实说明的义务。《左传·襄公二十四年》载："太上有立德，其次有立功，其次有立言，虽久不废，此之谓不朽。"阐述了人生最高的境界是立德有德、实现道德理想，道德永远是一个人安身立命的根本；伟大作家但丁说过："道德往往可以弥补智慧的不足，智慧常常不能填补道德的空白。"可见，立人先立德，人的培养，必须坚持德育为先。作为大学生，知识掌握和能力提高固然重要，但与此同时，更要注重自身品德修养的培养，做到诚实、守信。

五、课程思政教学反思

法学乃"正义"之学。法学教育背后承载的使命不仅是知识的培育，还应包括对祖国主流价值观的内化与认同。本节通过课堂讲授、案例分析、课堂讨论等多元授课方式详细介绍劳动合同订立的作用、订立原则等内容。按照价值引领、知识传授、能力培养三位一体的总要求，在讲授过程中首先通过引导学生对固定工制度与劳动合同制度进行比较分析和讨论，让学生意识到劳动合同制度的意义，将知识传授放到全面实现依法治国整体战略中思考，提升学生法治意识。此外对劳动合同的订立原则进行全面解读与剖析，将社会主义核心价值观的自由、平等、诚信等融入各知识点，强调当代大学生应提升劳动素养、规范劳动行为，有机促成了"知识传授"与"价值引领"的无缝对接。

六、教学课件展示

劳动合同订立原则

一、劳动合同定义

- 劳动合同是指劳动者与用人单位之间为确立劳动关系，依法协商达成双方权利和义务的协议。
- 《劳动合同法》规定，建立劳动关系，应当订立书面劳动合同。

劳 动 合 同

聘请单位：＿＿＿＿＿＿　　　（以下简称甲方）

受聘人：＿＿＿＿＿＿　　　（以下简称乙方）

为依法确定用人单位与劳动者的劳动关系，根据《劳动法》的规定，甲方与乙方在平等自愿、协商一致的前提下，签订本劳动合同。

第一条　受聘人基本情况：

姓名：＿＿＿　性别：＿＿　文化程度：＿＿

身份证号码：＿＿＿＿＿＿＿＿

第二条　合同期限：

本合同期限为＿＿年，自＿＿年＿＿月＿＿日起至＿＿年＿＿月＿＿日止，其中试用期＿＿个月，从＿＿年＿＿月＿＿日起至＿＿年＿＿月＿＿日止。试用期间，经甲方考核，乙方不符合录用条件，自甲方通知之日起，本合同予以解除。劳动合同期满前由此执行，合同期满后，经甲、乙双方协商同意，可续订劳动合同。

第三条　工作岗位及工作条件：

甲方根据工作需要及乙方身体特长，安排乙方从事＿＿＿＿＿＿岗位工作（职务或岗位名称）。为保证乙方能顺利完成工作任务，甲方根据国家有关规定，为乙方提供必须的生产、工作条件，工作时间按《劳动法》规定执行。如特殊情况需延长工作时间，甲方按《劳动法》规定给予劳动者适当的报酬。

合同期内甲方可根据工作需要调换乙方工作岗位，乙方应服从甲方工作安排，不得无理拒绝，乙方对工作变动不服，可以向甲方提出申诉，但甲方在

二、实行劳动合同制度的意义

- 促进劳动力资源的合理配置。
- 可增强劳动者的竞争意识，促进劳动者自身素质的提高。
- 有利于调动劳动者的积极性和创造性。
- 是维护劳动者权利和义务的法律保障。

三、劳动合同订立的原则

《劳动合同法》第三条规定，订立劳动合同，应当遵循合法、公平、平等自愿、协商一致、诚实信用的原则。

（一）合法原则

· 合法原则是指劳动合同的订立不得违反法律、法规的规定。

```
                    ┌─ 订立劳动合同的主
                    │  体必须合法
        劳动合同     │
        合法        ├─ 劳动合同的内容
                    │  必须合法
                    │
                    └─ 劳动合同订立的形
                       式和程序必须合法
```

案例8-1

问题：
机械公司的做法是否合理？

· 2015年1月，王某应聘进入淮安某机械公司上班，该公司规章制度明确规定：在公司上班期间不得与本单位其他员工建立恋爱关系，否则构成违约，公司有权将其开除，且员工不得索要相应的经济赔偿金或者经济补偿金；王某与单位签订的劳动合同亦明确禁止公司员工内部恋爱。随后，王某进入公司以后与公司张某建立了恋爱关系。碍于公司规定，王某不敢公开两人的关系，只得偷偷与张某进行交往，但仍被公司发现。2019年3月7日，机械公司以王某违反单位规章制度为由，将其开除。

· 在庭审中，公司辩称，根据《劳动合同法》第三十九条规定，劳动者严重违反用人单位规章制度的，用人单位可以单方解除劳动合同，王某没有遵守公司章程，构成违约。

案例分析

·《劳动合同法》规定劳动合同在订立时必须遵循的一个基本原则是合法原则，其中包括内容合法原则。

· 该案例中公司开除王某的依据是公司的规章制度中规定"禁止公司员工内部恋爱，否则构成违约，公司有权将其开除，且员工不得索要相应的经济赔偿金或者经济补偿金"。该规章制度侵犯了王某婚姻自由的权利，违背宪法精神。因此该案例中机械公司与王某签订的劳动合同中的"禁止公司员工内部恋爱"这一内容违背了劳动合同的内容合法原则，因此是无效的。

（二）公平原则

- 《劳动合同法》增加"公平"为订立劳动合同的原则，是要求在劳动合同订立过程中及劳动合同内容的确定上应体现公平、合理。
- 公平原则强调了劳动合同当事人在订立劳动合同时，不能要求一方承担不公平的义务。
- 将公平原则作为订立劳动合同的原则，旨在防止用人单位利用自己的职权损害劳动者的权利。

案例8-2

问题：
劳动者与用人单位订立放弃加班费协议，能否主张加班费？

- 张某于2020年6月入职某科技公司，月工资20000元。某科技公司在与张某订立劳动合同时，要求其订立一份协议作为合同附件，协议内容包括："我自愿申请加入公司奋斗者计划，放弃加班费。"半年后，张某因个人原因提出解除劳动合同，并要求支付加班费。某科技公司认可张某加班事实，但以其自愿订立放弃加班费协议为由拒绝支付。张某向劳动人事争议仲裁委员会(简称仲裁委员会)申请仲裁，请求裁决某科技公司支付2020年6~12月加班费24000元。

案例分析

- 本案的争议焦点是张某订立放弃加班费协议后，还能否主张加班费。
- 加班费是劳动者延长工作时间的工资报酬，《中华人民共和国劳动法》第四十四条、《中华人民共和国劳动合同法》第三十一条明确规定了用人单位支付劳动者加班费的责任。约定放弃加班费的协议免除了用人单位的法定责任、排除了劳动者的权利。
《中华人民共和国劳动合同法》第二十六条规定："用人单位免除自己的法定责任、排除劳动者权利的。"？
- 本案中，某科技公司利用在订立劳动合同时的主导地位，要求张某在其单方制定的格式条款上签字放弃加班费，既违反法律规定，也违背公平原则，侵害了张某的工资报酬权益。故仲裁委员会依法裁决某科技公司支付张某加班费。

（三）平等自愿原则

- 平等是指当事人双方在签订劳动合同时的法律地位平等，没有任何隶属关系、服从关系，用人单位与劳动者是以平等的身份订立劳动合同。
- 自愿是指订立劳动合同完全出于当事人自己的意志，任何一方不得将自己的意志强加给对方，也不允许第三者干涉劳动合同的订立。

案例8-3

问题：
肖某可以请求公司支付双倍工资的赔偿吗？

- 肖某于2008年3月进入某公司从事普工，双方签订了为期2年的劳动合同。合同到期后，双方未续签劳动合同，肖某也继续在公司上班。而在2011年11月30日，公司以限制人身自由的方法，强迫肖某补签了一份从2010年5月4日至2012年3月4日的劳动合同，但合同上的签订日期为2010年5月4日。2011年12月1日，肖某以公司强迫补签劳动合同为由解除了与公司的劳动关系，并于2011年12月16日向劳动人事争议仲裁部门申请劳动仲裁，要求公司支付双倍工资差额部分。

案例分析

- 《劳动合同法》规定劳动合同在订立时必须遵循的一个基本原则是自愿原则，而且《劳动合同法》第二十六条规定，以欺诈、胁迫的手段或者乘人之危，使对方在违背真实意思的情况下订立的劳动合同无效。该案例中，公司以限制人身自由的方法强迫劳动者补签的劳动合同，当然是无效的。
- 因此，这就意味着公司与肖某之间自2010年3月第一份劳动合同到期后双方之间一直未签订书面劳动合同。按照《劳动合同法》第八十二条规定，用人单位自用工之日起超过1个月不满1年未与劳动者订立书面劳动合同的，应当向劳动者每月支付2倍的工资。因此，肖某可以请求公司支付双倍工资的赔偿。

（四）协商一致原则

- 协商一致是指合同的双方当事人对合同的各项条款，只有在双方充分表达自己意志的基础上，经过平等协商，取得一致意见的情况下，劳动合同才能成立。

（五）诚实信用原则

- 诚实信用原则要求当事人应本着诚实、守信、善意的态度履行合同义务，不得滥用权利或故意规避义务。
- 法律依据：《劳动合同法》第八条规定，用人单位招用劳动者时，应当如实告知劳动者工作内容、工作条件、工作地点、职业危害、安全生产状况、劳动报酬以及劳动者要求了解的其他情况；用人单位有权了解劳动者与劳动合同直接相关的基本情况，劳动者应当如实说明。

案例8-4

问题：
该咨询公司以小李学历造假为由解除劳动合同是否合法？依据是什么？

- 小李于2017年12月13日入职某咨询公司。2018年6月30日，小李与咨询公司协商一致后签订了劳动合同。2018年9月，咨询公司以发现小李入职公司时提交的学历证书信息涉嫌伪造、构成欺诈，导致劳动合同无效为由，解除了劳动合同。小李认为，咨询公司单方解除劳动合同的行为违法，遂提出仲裁申请，要求裁决咨询公司继续履行劳动合同。
- 仲裁委审理过程中，查明如下事实：2009年7月，小李毕业于某师范高等专科学校，学制三年、专科学历。2017年，小李入职咨询公司时，提交的简历显示受教育情况为"2005年9月至2009年7月，河北某师范学院，汉语言文学本科"；员工入职登记表中"主要教育经历"也填写为此。

案例分析

- 《劳动合同法》第三条规定，订立劳动合同，应当遵循合法、公平、平等自愿、协商一致、诚实信用的原则。
- 《劳动合同法》第二十六条明确规定，以欺诈、胁迫的手段或者乘人之危，使对方在违背真实意思的情况下订立或者变更劳动合同的，将导致劳动合同无效或者部分无效。
- 《劳动合同法》第三十九条规定，劳动者存在该法第二十六条上述情形致使劳动合同无效的，用人单位可以解除劳动合同。
- 《劳动合同法》第八条规定，双方均有如实告知对方与订立劳动合同直接相关事项的法定义务。
- 小李在填写入职登记表时，刻意隐瞒真实毕业院校和真实学历，并提交伪造的毕业证书行为，无疑违反诚实信用原则，构成欺诈。因此，咨询公司作出的解除劳动合同决定，符合法律规定。

第九章　劳动法与社会保障法课程思政——违约金支付

一、课程教学目标

该部分主要详细介绍《劳动合同法》中关于违约金支付情形的规定。通过本部分内容的学习，使学生能够对《劳动合同法》相关法律条款有深刻的理解和掌握，提高学生未来的职业能力，并能够在实践中保护自己的合法权益。

二、思政育人目标

通过掌握《劳动合同法》中关于违约金的支付情形方面的规定，一方面，使学生懂得劳动者具有择业自由权，有依法解除劳动合同的权利，增强学生法治意识；另一方面，将诚实信用原则在竞业限制违约金支付以及在社会主义核心价值观中对公民层面的要求融入课程讲解，强调当代大学生应树立诚实信用的职业道德观。

三、课程思政教育融入点

（一）自由

自由是人的本质属性，把自由作为社会层面的价值取向，就是要确保公民享有自由的权利，营造既有自由、又有纪律的社会环境，为每一个人的全面发展创造良好的社会条件。

《劳动合同法》通过明确规定违约金支付的情形，保障劳动者依法解除劳动合同的权利，以维护劳动者择业自由权，与社会主义核心价值观中的自由相符合。

（二）法治

社会主义核心价值观把法治作为社会层面的价值取向，就是要制定各项法律、完善法律制度，坚持法律面前人人平等的原则，在党的领导下依照法律管理国家事务、社会事务，在全社会形成遵纪守法的良好风气。

《劳动合同法》对劳动者支付违约金的情形做出了明确的规定。用人单位必须严格按照法律规定，维护劳动者合法权利，共同维护社会公平正义，推进法治社会建设。

（三）诚信

诚信是社会主义核心价值观的重要内容，把诚信作为公民个人层面的价值准则，就要大力加强诚信建设，不断完善各种必要的法律和制度，杜绝失信行为产生的渠道，让诚信真正内化于心、外化于行。《劳动合同法》对竞业限制违约金的支付做出明确规定，作为劳动者必须秉着诚实信用的精神与原则，严格遵守竞业限制约定，否则必将受到法律的惩罚。

四、课程思政实施

（一）案例导入新课

[**案例 9-1**] 小王于 2016 年 6 月与某软件公司签订了两年的劳动合同，合同期限自 2016 年 6 月 1 日起至 2018 年 5 月 31 日止。劳动合同约定劳动者在合同期内提前解除劳动合同的，需要向用人单位支付违约金人民币 5 万元。2017 年 4 月，小王提出提前解除劳动合同，用人单位挽留不住，便提出小王需缴纳 5 万元违约金。

资料来源：祝健.《劳动合同法》规定两种情况下辞职要付违约金 [Z/OL]. (2007-12-18) [2022-01-20]. http://news. sohu. com/20071218/n254147649. shtml.

思考：小王需要缴纳违约金吗？

（二）讲解违约金支付情形，培养学生自由、法治、诚信等社会主义核心价值观

劳动合同约定的违约金是指劳动合同中约定的在用人单位或者劳动者违反了劳动合同中其他有关约定时，应当向对方支付的赔偿金。

涉及的相关法律条款：

《劳动合同法》第二十五条规定，除本法第二十二条和第二十三条规定的情形外，用人单位不得与劳动者约定由劳动者承担违约金。即违约金支付情形只有两种，一种是在培训服务期约定中可以约定违约金，另一种是在竞业限制约定中可以约定违约金。

《劳动合同法》第二十二条规定，用人单位为劳动者提供专项培训费用，对其进行专业技术培训的，可以与该劳动者订立协议，约定服务期。劳动者违反服务期约定的，应当按照约定向用人单位支付违约金。违约金的数额不得超过用人单位提供的培训费用。用人单位要求劳动者支付的违约金不得超过服务期尚未履行部分所应分摊的培训费用。

《劳动合同法》第二十三条规定，用人单位与劳动者可以在劳动合同中约定保守用人单位的商业秘密和与知识产权相关的保密事项。对负有保密义务的劳动者，用人单位可以在劳动合同或者保密协议中与劳动者约定竞业限制条款，并约定在解除或者终止劳动合同后，在竞业限制期限

内按月给予劳动者经济补偿。劳动者违反竞业限制约定的，应当按照约定向用人单位支付违约金。

1. 涉及专项培训的服务期违约金

服务期是指法律规定的因用人单位为劳动者提供专业技术培训，双方约定的劳动者为用人单位必须服务的期间。其前提是用人单位为劳动者提供了专项培训费用，对其进行专业技术培训的，才能与该劳动者订立协议约定服务期。劳动者违反服务期约定的，才需要向用人单位支付违约金。其中，专业技术培训主要是指：①单位提供了较大数额的培训费用；②培训具有针对性地提高劳动者某方面的知识、技能；③劳动者进行专业技术培训时，占用了其在本单位的工作时间，但是本单位仍为其发放工资、缴纳社保，算作本单位的工作年限。而用人单位安排劳动者进行的一些简单、必要的岗前培训，属于入职前培训，不需要花费过多的成本，也没有过多的技术含量，则不属于专业技术培训。

因此，在案例9-1中，如果软件公司为小王提供了专项培训，那么小王在提前离职时需要缴纳违约金，但违约金数额不得超过单位提供的培训费用。如果软件公司没有为小王提供专项培训而直接约定违约金的话，该违约金无效，小王无须支付。但按照《劳动法》第三十一条规定，劳动者解除劳动合同，应当提前30日以书面形式通知用人单位，小王离职前必须履行提前告知用人单位义务。

[**案例 9 - 2**] 服务期与违约金的支付

小赵是某大学理工科的大学生，毕业后到某通信器材公司签订了劳动合同，岗位是系统部技术员。由于小赵工作积极，公司很器重他，出资 5 万元让他去国外进行培训，并签订了一份补充协议，补充协议中约定：小赵接受培训后必须为公司服务 5 年，提前辞职需要支付 5 万元违约金。培训结束后，小赵的技术水平上了一个新台阶，在新岗位工作了 2 年后，发现工作比较清闲，而他认为这样会让自己产生惰性，对自己技能提高不利。于是，经过一番思考，小赵以"无事可做，有很大的危机感"等为由提出辞职。而公司方觉得小赵是个不可多得的人才，极力挽留小赵，但小赵坚持要走，公司见无法挽留，便提出因小赵服务期未满就提出提前解除劳动合同，是违约行为，需支付 5 万元违约金才可以走人。

资料来源：大律师网. 单位出资培训，如何为劳动者设定服务期 [Z/OL]. (2015 - 01 - 28) [2022 - 08 - 02]. https：//www. maxlaw. cn/z/20150128/808831325120. shtml.

问题：小赵需赔偿公司多少违约金？

案例分析：案例 9 - 2 中，通信器材公司为小赵提供了专项培训，因此可以提出服务期与违约金，小赵服务期未满就提出提前解除劳动合同属于违约行为，应该缴纳违约金。但小赵是否应该完全按照双方签订的劳动合同中的约定支付 5 万元违约金呢？答案是否定的。按照《劳动合同法》第二十二条的规定，用人单位要求劳动者支付的违约金不得超过服务期尚未履行部分所应分摊的培训费用。该案例中，用人单位总共支付的培训费用是 5 万元，约定的服务期是 5 年，即 1 年服务期可分摊培训费用 1 万元，小赵在接受专项培训后在单位已服务 2 年，因此已分摊培训费用 2 万元，也就是说还有 3 万元培训费用尚未分摊，因此，小赵只需支付违约金 3 万元。

总之，上述两个案例都是关于服务期与违约金的支付的。在实践中，很多用人单位为了避免人才流失，会通过服务期和高额违约金的规定来限制劳动力流动，但从法律关系上讲，权利与义务同时产生又相对应而存在，没有权利也就没有义务，没有义务也就没有权利。作为用人单位必须依法约定服务期与违约金。而作为劳动者具有择业自由权。用人单位和劳动者都依法享有权利，依法履行义务，共同营造稳定、和谐的劳动关系。

2. 竞业限制约定违约金

竞业限制是用人单位对负有保密义务的劳动者，要求其在终止或解除劳动合同后的一定期限内不得在生产同类产品、经营同类业务或有其他竞争关系的用人单位任职，也不得自己生产与原单位有竞争关系的同类产品或经营同类业务。如果劳动者违反竞业限制约定的，就应该承担相应的违约责任。

《劳动合同法》第二十四条规定，竞业限制的人员限于用人单位的高级管理人员、高级技术人员和其他负有保密义务的人员。竞业限制的范围、地域、期限由用人单位与劳动者约定，竞业限制的约定不得违反法律、法规的规定。在解除或者终止劳动合同后，前款规定的人员到与本单位生产或者经营同类产品、从事同类业务的有竞争关系的其他用人单位，或者自己开业生产或者经营同类产品、从事同类业务的竞业限制期限，不得超过 2 年。

[**案例 9 - 3**] 2018 年 3 月，闫某与某科技公司签订劳动合同，约定闫某从事开发工作，在双方解除或终止合同 1 年内，闫某不能以任何方式向有竞争关系的组织或者公司提供服务。双方签署保密协议，约定了竞业限制业务范围及情形，某科技公司在竞业限制期内支付竞业限制经济补偿，如果闫某违反约定，须向某科技公司支付违约金 20 万元，该违约金不足以弥补某公司损失的，不足部分仍应赔偿。2019 年 5 月，闫某离职，某科技公司发出《关于要求履行竞业限制以及严格遵守保密义务的通知》，同时对限制的工作内容进行了进一步明确，并告知构成竞争关系的公司包括 A 及其下属公司、B 及其下属公司、C 及其下属公司……闫某在该通知上签字，同月，闫某入职 C 集团的某下属公司。

2019 年 12 月，某科技公司以闫某违反双方的竞业限制协议为由，提出劳动仲裁申请，仲裁委员会裁决闫某继续履行与某科技公司约定的竞业限制义务，返还经济补偿金 12 万余元，支付违约金 20 万元。闫某向法院提起诉讼。

资料来源：佚名. 劳动者违反竞业限制协议，应当承担违约责任 [Z/OL]. [2022 - 07 - 22]. https：//www. sohu. com/a/570387140 - 121106884.

案例分析：从 C 集团的某下属公司股东和股权质押等情况来看，闫某和 C 集团存在实质关联关系；从某科技公司和 C 集团及其下属公司之间的业务范围来看，二者属于竞争关系。因此，该案例中的闫某违反了竞业限制义务，需要支付违约金。该案例也提醒劳动者在享受劳动权益的同时，应当基于诚信原则履行劳动合同义务，如果与用人单位约定了竞业限制，在用人单位按期支付竞业限制补偿时，应当遵守相关约定。

五、课程思政教学反思

习近平总书记在中国政法大学考察时指出，中国特色社会主义法治道路的一个鲜明特点，就是坚持依法治国和以德治国相结合，强调法治和德治两手抓、两手都要硬。法学教育要坚持立德树人，不仅要提高学生的法学知识水平，而且要培养学生的思想道德素养[1]。而劳动法与社会保障法课程传承着人类在历史长河中劳动自强、人权保障、追求自我进步和社会共同发展的"正义光辉"，是一门实践性较强

---

[1] 新华社. 习近平在中国政法大学考察 [N/OL]. (2017 - 05 - 03) [2022 - 01 - 20]. http：//www. xinhuanet. com/politics/2017 - 05/03/c_1120913310. htm.

的课程，更易于实现德育观点的承载和互生情感的共鸣，是学生道德素养提高的有力保障。

本章内容以课堂讲授和案例分析的授课方式详细讲解了《劳动合同法》中关于违约金支付情形的具体规定。在讲授过程中，通过引入与劳动者利益密切相关的案例，引导学生带着问题学习理论知识，在知识点的讲解之后提出启发式的思考，进一步深入分析案例并引入新的案例对相关知识点进行详细讲解，最后联系实际，由教师进行思政引导与内容升华。通过显性与隐性相结合的方式将思想政治教育与劳动合同法律专业知识体系教学进行了有机统一，注重启发学生运用法学思维，以社会主义核心价值观为出发点思考、评判社会现实问题，对于培养学生的法治意识和职业道德素养等具有积极的教育作用。

六、教学课件展示

违约金支付

一、导入案例

案例9-1

小王于2016年6月与某软件公司签订了两年的劳动合同，合同期限自2016年6月1日起至2018年5月31日止。劳动合同约定劳动者在合同期内提前解除劳动合同的，需要向用人单位支付违约金人民币5万元。2017年4月，小王提出提前解除劳动合同，用人单位挽留不住，便提出小王需缴纳5万元违约金。

思考：
小王是否需要支付违约金？

二、违约金支付情形

劳动合同约定的违约金，指的是劳动合同中约定的在用人单位或者劳动者违反了劳动合同中其他有关约定时，应当向对方支付的赔偿金。

《劳动合同法》第二十五条规定，除本法第二十二条和第二十三条规定的情形外，用人单位不得与劳动者约定由劳动者承担违约金。

《劳动合同法》第二十二条规定，用人单位为劳动者提供专项培训费用，对其进行专业技术培训的，可以与该劳动者订立协议，约定服务期。劳动者违反服务期约定的，应当按照约定向用人单位支付违约金。违约金的数额不得超过用人单位提供的培训费用。用人单位要求劳动者支付的违约金不得超过服务期尚未履行部分所应分摊的培训费用。

《劳动合同法》第二十三条规定，用人单位与劳动者可以在劳动合同中约定保守用人单位的商业秘密和与知识产权相关的保密事项。对负有保密义务的劳动者，用人单位可以在劳动合同或者保密协议中与劳动者约定竞业限制条款，并约定在解除或者终止劳动合同后，在竞业限制期限内按月给予劳动者经济补偿。劳动者违反竞业限制约定的，应当按照约定向用人单位支付违约金。

1. 涉及专项培训的服务期违约金

服务期是指法律规定的因用人单位为劳动者提供专业技术培训，双方约定的劳动者为用人单位必须服务的期间。

前提：用人单位为劳动者提供了专项培训费用，对其进行了专业技术培训。

案例9-2

小赵是某大学理工科的大学生，毕业后到某通信器材公司签订了劳动合同，岗位是系统部技术员。由于小赵工作积极，公司很器重他，出资5万元让他去国外进行培训，并签订了一份补充协议，补充协议中约定：小赵接受培训后必须为公司服务5年，提前辞职需要支付5万元违约金。培训结束后，小赵的技术水平上了一个新台阶，在新岗位工作了2年后，发现工作比较清闲，而他认为这样会让自己产生惰性，对自己技能提高不利。于是，经过一番思考，小赵以"无事可做，有很大的危机感"等为由提出辞职。而公司方觉得小赵是个不可多得的人才，极力挽留小赵，但小赵坚持要走，公司见无法挽留，便提出因小赵服务期未满就提出提前解除劳动合同，是违约行为，需支付5万元违约金才可以走人。

问题：小赵需赔偿公司多少违约金？

案例分析

案例9-2中，通信器材公司为小赵提供了专项培训，因此可以提出服务期与违约金，小赵服务期未满就提出提前解除劳动合同属于违约行为，应该缴纳违约金。但小赵是否应该完全按照双方签订的劳动合同中的约定支付5万元违约金呢？答案是否定的。

《劳动合同法》第二十二条规定，用人单位要求劳动者支付的违约金不得超过服务期尚未履行部分所应分摊的培训费用。

该案例中，用人单位总共支付的培训费用是5万元，约定的服务期是5年，即1年服务期可分摊培训费用1万元，小赵在接受专项培训后在单位已服务2年，因此已分摊培训费用2万元，也就是说还有3万元培训费用尚未分摊，因此，小赵只需支付违约金3万元。

2.竞业限制约定违约金

竞业限制是用人单位对负有保密义务的劳动者，要求其在终止或解除劳动合同后的一定期限内不得在生产同类产品、经营同类业务或有其他竞争关系的用人单位任职，也不得自己生产与原单位有竞争关系的同类产品或经营同类业务。如果劳动者违反竞业限制约定的，就应该承担相应的违约责任。

《劳动合同法》第二十四条规定，竞业限制的人员限于用人单位的高级管理人员、高级技术人员和其他负有保密义务的人员。

竞业限制的范围、地域、期限由用人单位与劳动者约定，竞业限制的约定不得违反法律、法规的规定。在解除或者终止劳动合同后，前款规定的人员到与本单位生产或者经营同类产品、从事同类业务的有竞争关系的其他用人单位，或者自己开业生产或者经营同类产品、从事同类业务的竞业限制期限，不得超过2年。

案例9-3

2018年3月，闫某与某科技公司签订劳动合同，约定闫某从事开发工作，在双方解除或终止合同1年内，闫某不能以任何方式向有竞争关系的组织或者公司提供服务。双方签署《保密协议》，约定了竞业限制业务范围及情形，某科技公司在竞业限制期内支付竞业限制经济补偿，如果闫某违反约定，须向某科技公司支付违约金20万元，该违约金不足以弥补某公司损失的，不足部分仍应赔偿。

2019年5月，闫某离职，某科技公司发出《关于要求履行竞业限制以及严格遵守保密义务的通知》，同时对限制的工作内容进行了进一步明确，并告知构成竞争关系的公司包括A及其下属公司、B及其下属公司、C及其下属公司……闫某在该通知上签字，同月，闫某入职C集团的某下属公司。

2019年12月，某科技公司以闫某违反双方的竞业限制协议为由，提出劳动仲裁申请，仲裁委员会裁决闫某继续履行与某科技公司约定的竞业限制义务，返还经济补偿金12万余元，支付违约金20万元。闫某向法院提起诉讼。

案例分析

从C集团的某下属公司股东和股权质押等情况来看，闫某和C集团存在实质关联关系；从某科技公司和C集团及其下属公司之间的业务范围来看，二者属于竞争关系。因此，该案例中的闫某违反了竞业限制义务，需要支付违约金。

该案例也提醒劳动者在享受劳动权益的同时，应当基于诚信原则履行劳动合同义务，如果与用人单位约定了竞业限制，在用人单位按期支付竞业限制补偿时，应当遵守相关约定。

第十章　劳动关系管理课程思政——工会[*]

一、课程教学目标

通过本章的学习，帮助学生了解工会的概念、工会在市场经济中的作用、组织工会的要求和程序、工会的基本职能。掌握《中华人民共和国工会法》（以下简称《工会法》）以及《劳动合同法》关于工会职能的有关规定，能够熟练地用于具体劳动者权益保护的相关案例分析中。

二、思政育人目标

本章主要的课程思政育人目标是进行民生、国情和劳动思政教育，具体包括：第一，宣传工会劳动者权益保护职

---

[*] 第十章和第十一章为安徽省高等学校省级质量工程项目（2020szsfkc0043）和安徽财经大学本科质量工程项目（acszjyzd2021001）部分研究成果。

能，进行民生教育。第二，学习中国特色的社会主义工会发展道路，融合马克思主义工会理论，以习近平新时代中国特色社会主义思想作为工会工作的指导思想，进行劳动教育。第三，具有国际比较的工会视野，同时又了解中国化工会的国情。

三、课程思政教育融入点

"劳动关系"是现代社会最为基础性的关系，等同于传统社会中的农地关系。它既是企业中劳动者和资产所有者间的经济利益分配问题，也是社会第一次收入分配中劳动者分配比重问题；它既涉及企业的经济民主，同时也是国家政治民主生活的重要组成部分。工会是劳动关系中的重要一环，劳动者利益的天然代表，是平滑劳动者市场结构性力量不足的组织性支持。在中国语境下谈工会职能与发展，不能脱离中国特色社会主义的基本国情，更不能将工会置于真空的社会环境中给予想象中的完全独立位置。因此，在劳动关系管理的"工会"章节学习中，工会的理论职能与现实表现间的差异既是课程教学的重点和难点，也是思政育人的绝佳切入点。直面现实问题和困惑，重新解构中国语境中的劳动关系。

（一）从历史中理解道路选择之艰难

改革开放之后，中国工会经历过一段低谷期，工会组建率低、工会职能弱化。在中国向市场化转型过程中，一方面，大量新生的私营企业未组建工会，劳动者权益保护失去组织支持；另一方面，大量国家企业正经历改制阵痛，企业提质增效，大量工人下岗，工会更多扮演企业转型善后协调者角色。中国从计划经济向市场经济转变，主动融入全球化，将国际资源和市场同国内剩余劳动力相结合，实现了人口红利向经济社会发展福利的转变。在一穷二白基础上，我国大步向全面小康社会迈进。

（二）在现实中认识工会改革和调整

以工会改革为切入点，结合工会职能教学进行工会国情教育。从 2000 年宁波会议开始，加大在非公有制企业组建工会的力度，在全总的动员和支持下，官方的工会化政策取得了重要进展。2015 年，中央全面深化改革领导小组通过《全国总工会改革试点方案》，提出对"强四性、去三化，激发基层工会活力、使基层工会发挥实质作用"的改革要求。从改革情况看，增强了工会系统党组织的先进性纯洁性，增强了工会组织的广泛性代表性，密切联系底层劳动者，推动了工会工作的重心下移力量下沉。

（三）用整体福利观思考劳动权益保护

劳动者权益保护同国民福利密切相关，在劳动者权益保护薄弱时期，我国的社会保障事业同样处于初创和发展期。农村转移的剩余劳动力获得了相比于传统农业生产更高的回报，但不可否认劳动者的权益并未得到稳妥的保护，拖欠工资、工作环境恶劣、工资长期处于低水平等现象屡见不鲜。但我们也可喜地发现，这种保护薄弱的情况仅是中国特色社会主义发展的一个阶段。社会保障制度已初步建立，劳动者权益得到了更为有力的保护。更为重要的是国家通过一系列的保障制度，对曾经的利益受损者进行反哺，如精准扶贫、新农合和新养老保险。

四、课程思政实施

（一）案例导入新课

[**案例 10 - 1**] 某市矿业公司发生一起生产安全事故，造成 10 人死亡，直接经济损失达 200 万元。事故发生后，该公司所在省煤矿安全监察局、市安全生产委员会与市工会组成了事故调查组，但矿业公司对事故调查处理不予积极配合，认为工会不是行政管理部门，不应当参加事故调查。一名公司领导甚至对参与调查的工会同志不理不睬，声称："这事儿跟工会有什么关系，你们瞎掺和什么？"在召开事故调查有关会议时，公司领导坚持不让工会同志参加。事故调查组一直向公司领导讲解工会有权依法参加事故调查处理的道理，但公司领导拒不接受。事故调查处理因此受到阻挠。

思考：什么是工会？工会参与事故调查的法律依据是什么？工会的职能有哪些？

（二）工会的外部效应

工会是由雇员组成的组织，主要通过集体谈判方式代表雇员在工作场所以及整个社会中的利益。由工会的概念可知，工会是因劳动关系冲突而产生，因自愿结合而形成，以集体谈判为基本手段，以维护会员利益为首要职能。从公共经济学角度分析，工会是一类提供俱乐部产品的组织。在中国特色社会主义体制中，工会既发挥维护工人权益、社会公正的作用，同时也为优化资源配置提供支持，在一定程度上已经超脱出了俱乐部组织狭隘的边界。而西方的工会具有典型的俱乐部组织特点，其维护会员利益的某些行为会带来负外部效应。

1. 工会的贸易保护主义：中美贸易摩擦

美国钢铁工人联合会（United Steel Workers，USW）国际业务主席利奥·杰勒德说，大量进口的中国消费用轮胎要为 5100 名美国工人的失业负责，如果不控制中国轮胎进口还将继续有 3000 名美国工人因此失业。2004 ~ 2008 年，中国消费用轮胎快速增长期间，大陆马牌轮胎厂关闭了两家工厂，固特异和普利司通各关闭了 1 家工厂。2009 年 4 月 20 日，USW 依据美国《1974 年贸易法》向美国国际贸易委员会（International Trade Commission，ITC）提出向中国产乘用车轮胎发起特保调查申请。利奥·杰勒德认为，美国轮胎工业正处于转折点，只有采取救济措施，才能保护相关工业的未来。

2009 年 6 月 18 日 ITC 以 4∶2 的投票结果认定，中国轮胎产品大量进口造成或威胁造成了美国国内产业的市场扰乱。6 月 29 日 ITC 公布的救济措施建议，在原关税基础上对中国输美乘用车和轻型卡车轮胎征收连续 3 年的惩罚性关税，幅度分别为 55%、45% 和 35%。8 月 7 日 ITC 的涉案各方听证会中，9 组发言人仅有美国钢铁工人联合会和另一制造业协会支持。9 月 11 日，时任总统奥巴马宣布，将在此后 3 年对中国输入美国的轮胎征收 35% 的惩罚性关税。9 月 14 日，中国政府就美国轮胎特保措施正式启动 WTO 争端解决程序。2011 年 9 月 5 日，WTO 最终裁定中国败诉[①]。

轮胎特保案给中国企业带来了重大且深远的影响。美国特保案在多个国家引发多米诺骨牌效应，中国轮胎业成为遭受贸易救济调查的重灾区。2009 年 5 月 18 日，印度商工部反倾销局对原产于中国的乘用车轮胎发起特保调查[②]。2009 年 6 月 9 日，巴西对中国的大客车和卡车用子午线轮胎反倾销案作出肯定性终裁，对中国涉案企业征收 1.12~2.59 美元/千克的附加税[③]。特保案之前，中国产轮胎 1/3

---

① 国际在线. WTO 终裁判定中美轮胎纠纷案中方败诉 [N/OL]. (2011 - 09 - 06) [2022 - 05 - 30]. http://finance. sina. com. cn/chanjing/cyxw/20110906/075810438614. shtml.

② 书文. 我国积极应对印度发起的乘用车轮胎特保调查案 [J]. 中国橡胶, 2009, 25 (12): 31.

③ 佚名. 中国子午胎首次遭遇反倾销 [EB/OL]. (2009 - 06 - 30) [2022 - 05 - 30]. http://www. cria. org. cn/newsdetail/1213. html.

出口美国市场，金额近 22 亿美元，占美国消费市场的 17%。受美国对中国轮胎特保案实施限制关税影响，中国对美轮胎出口急剧下降，2011 年中国对美出口相关轮胎金额跌至 9.68 亿美元[①]。

2. 工会的俱乐部特征：美国汽车工人联合会[②]

美国汽车工人联合会（United Automobile Workers，UAW）是美国最大的工人协会，作为美国劳工联合会的成员成立于 1935 年。UAW 有着强势作风的传统，连续 3 次发起针对三大车厂的大规模罢工（弗林特静坐罢工事件、奔牛之战、天桥之战）。1941 年继通用和克莱斯勒之后，三大车厂之一的福特公司最后承认了 UAW 的合法地位，UAW 从而在全美汽车工厂内建立了劳工垄断地位。大罢工的传奇事件以及最后的胜利促使 UAW 将对抗作为处理劳资矛盾的长效手段，合作被抛至一边。UAW 为其会员争取到了丰厚薪资与福利待遇，同时也被诸多研究者认为是拖垮美国汽车工业的"活癌症"。

UAW 与三大汽车巨头的合同限制了管理层进行管理的能力，降低了企业效率。合同除常见的待遇条款外还限制了每家汽车公司可以从非联合会成员的供应商处购买的零部件数量，结果导致汽车公司采购的零部件成本更高。二

---

① 佚名. 中国对美出口轿车轮胎遭遇双反危机　涉案金额高达 20 亿美元 [N/OL]. (2014 - 06 - 05) [2022 - 05 - 30]. https://www.yicai.com/news/3892284.html.
② 六月. 底特律汽车三巨头对阵美国汽车工人联合会 [N/OL]. (2011 - 11 - 01) [2022 - 05 - 30]. https://auto.163.com/11/1101/14/7HPHDE1M00084TV6_2.html.

战结束初期，底特律汽车一直处于迅速的增长态势，巨额的利润抵销了工资和福利增长的成本。但是全球化竞争下，这种高福利和高工资模式难以为继。20 世纪 80 年代，日本企业在美国南方建厂，雇用非工会会员。美国的日本车企工人每人每年生产汽车 67 辆，而通用汽车公司工人年产汽车只有 21 辆。没有竞争优势的劳动成本，压垮了美国底特律汽车产业。

过高的成本使得美国企业举步维艰。2006 年，美国三大汽车公司工人的平均年薪超过 14 万美元，同年的美国大学教授平均年薪 9.6 万美元。通用汽车公司提供的数据显示，通用每名员工每小时的生产成本为 69 美元，而日本丰田汽车公司则为 53 美元。保护伞下的"终身员工"已经忘记了责任，汽车工人并不关心企业的亏损和危机。因为首先被裁掉的不是工人，而是汽车企业内部采取合同制的工程师。作为非工会成员，研发部门工程师不能自行搬动车间设备，否则会被 UAW 视为一起车厂管理层企图用非工会成员取代工会成员的严重事故。2008 年全球经济危机期间，UAW 由于担心美国汽车业救助法案影响其会员工资，游说部分参议员投反对票，从而使得法案未能获得通过。UAW 只是工人的俱乐部，只为会员谋求短期利益。它无视美国三大车企日渐衰弱的事实，拒绝与企业同舟共济。最终，UAW 在全球化之下亦渐成强弩之末。

思考： 工会最终为谁服务？为什么世界各国对工会行为均有各类规制？

（三）中国工会改革思考

[**案例 10 − 2**] 河北省某区地税工作人员到企业依法征税时，往往会同时向企业做工会组织的普法工作，宣传《工会法》。税务人员在征税的同时向企业负责人讲解组建工会、成立工会的知识以及对企业管理的益处。经地税人员宣传而组建的企业工会在该区超过 170 家。

思考： 中国工会具有什么特点？如何理解中国工会在劳资关系中的地位？如何进行工会改革？

深圳市总工会在广东省总工会的支持下，试点建设以工联会为中心的基层工会网络。为落实工联会制度，深圳市总工会采取了三项措施。第一，实体化试验区工联会，将其确立为具有独立法人资格的群团组织，承担在区域内承上启下的角色；第二，按照社会化招聘方式，雇用了一批职业化工会工作者。第三，为工联会运转提供稳定的资金保障。通过主体定位、人员安排和经费保障，试验区工联会较大程度上实现了组织的实体化。工联会贴近工人，为工人提供精准服务。职业化工会工作者贴近观察工人，亲自参与工人活动，在长期互动中赢得工人信任。在这过程中，试验区工联会打造了一批深受工人欢迎的品牌活动，如登山、夜跑和唱歌等，并在此基础上进一步发展为歌友社、跑步社和游泳社等工人兴趣团体。搭建凝聚工人、服务工人的平台，活动开展常规化、制度化和组织化。试验区工联会还经常开展权益保护、健康知识、糕点烘焙等讲座和培训。办活动、建社团和做培训成为工联会熟悉工人、联系工人到最终组织工人的有效手段和工作路径。为将属地企业工会纳入工会组织网络中，工联会通过"代表制""联合制"从企业工会委员或积极分子中民主选举产生工联会委员会，依据需要下设劳动调解委员会、女职工委员会和劳动保障委员会等。试验区工联会搭建了企业工会参与基层工会决策平台，调动了他们参与的积极性与能动性，同时也向职工、工会乃至管理层传输工会理念。

五、课程思政教学反思

对中国工会的客观认识必须置于横向和纵向比较分析中，过于强势的工会所带来的福利影响如同人们对垄断企业的担忧一样可能更多是负面的，同样过于弱势的工会也无法适应新时代广大职工日益增长的对美好生活的新需求。习近平总书记站在时代的高度对中国工会理论和实践做出了全面和系统性的阐述，指明了中国工会改革的方向，也为学生理解中国工会历史、中国工会未来发展方向明确了学习路线图。

学习新时代工会思想需要做到以下八个坚持：第一，坚持党对工会工作的领导。强调工会工作是党的群众工作的重要组成部分，各级党委要加强和改进对工会的领导，为工会工作创造有利的条件。第二，坚持全心全意依靠工人阶级。强调工人阶级是共产党最坚实最可靠的阶级基础，全心全意依靠工人阶级要做到在政治上保证、制度上落实、素质上提高和权益上维护，更好地把广大职工群众紧密团结在党和政府周围。第三，坚持为实现中华民族伟大复兴的中国梦而奋斗。伟大复兴根本上要靠包括工人阶级在内的全体人民的劳动、创造和奉献，工会要在建设知识型、技能型和创新型劳动者大军中发挥积极作用。第四，坚持中国特色社会主义工会发展道路。始终坚持这条道路，要做到自觉接受党的领导、团结服务职工与依法依章程开展工作相统一。第五，坚持弘扬劳模精神、工匠精神和劳动精神。树立劳动最光荣、劳动最伟大的理念，激励广大劳动群众争做新时代的奋斗者。第六，坚持高举维护职工合法权益。保障职工权益是社会主义制度的根本要求，工会要把竭诚为职工群众服务作为一切工作的出发点和落脚点，及时正确处理劳动关系矛盾。第七，坚持增强政治性、先进性和群众性的工会改革方向。政治性是工会组织的灵魂，先进性是工会工作的重要着力点，群众性是工会组织的根本特点。第八，坚持加强基层工会建设。强调服务资源向基层倾斜，着力加强队伍建设，切实增强工会组织的凝聚力。

六、教学课件展示

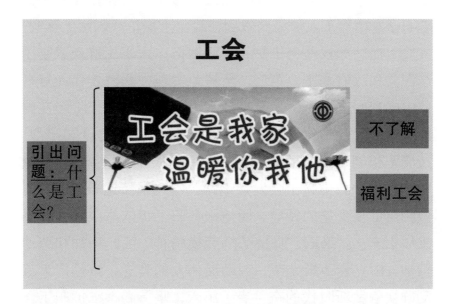

工会

引出问题：什么是工会？

不了解

福利工会

案例10-1

引出问题：工会的职能是什么？

　　某市矿业公司发生一起生产安全事故，造成10人死亡，直接经济损失达200万元。事故发生后，所在省煤矿安全监察局、市安全生产委员会与市工会组成了事故调查组，但矿业公司对事故调查处理不予积极配合，认为工会不是行政管理部门，不应当参加事故调查。一名公司领导甚至对参与调查的工会同志不理不睬，声称："这事儿跟工会有什么关系，你们瞎掺和什么？"在召开事故调查有关会议时，公司领导坚持不让工会同志参加。事故调查组一直向公司领导讲解工会有权依法参加事故调查处理的道理，但公司领导拒不接受。事故调查处理因此受到阻挠。

一、工会的内涵

工会是由雇员组成的组织，主要通过集体谈判方式代表雇员在工作场所以及整个社会中的**利益**。

思考：工会代表谁的利益？所代表的利益会同社会利益冲突吗？

二、工会的类型

（一）职业工会

职业工会是将具有某种特殊技能、从事某种特殊职业的所有雇员组织起来的工会，而不考虑这些雇员所处的行业。

（二）行业工会（产业工会）

行业工会是将在一某一特定行业中从事工作的所有雇员都组织起来的工会，而不考虑其技术或职业。

（三）总工会

总工会的组织原则就是对会员招募不加任何限制，既不考虑职业因素，也不考虑行业因素，从而体现了对职业工会和行业工会的一种修正。

思考：不同类型的工会在维护职工利益方面有何差异？

三、工会的历史

（一）早期职业工会时期

（二）行业工会时期

（三）总工会时期

思考：工会历史上对劳动者权益保护的作用：以相关制度为例！

四、工会的职能

（一）经济职能

第一，工会追求高工资水平，同时通过一些措施抵销由此可能带来的失业效应。

第二，确保就业公平。

案例10-2： 河北省某区地税工作人员到企业依法征税时，往往会同时向企业做工会组织的普法工作，宣传《工会法》。税务人员在征税的同时向企业负责人讲解组建工会、成立工会的知识以及对企业管理的益处。经地税人员宣传而组建的企业工会在该区超过170家。

> 思考："和谐劳动关系"与工会的整合职能

> 思考：如何看待"福利"工会问题，即工会理论经济职能与现实劳动保护职能间的差距。

（二）民主职能

第一，工会以各种形式参与企业管理，有助于企业经济民主的实现。

第二，工会具有实现社会民主的功能。

（三）整合职能

工会具有整合雇主和雇员的职能，既为雇员同雇主平等对话提供平台以及参与企业管理提供机会，又为雇主实现高绩效管理提供渠道。

（1）工会的贸易保护主义：中美贸易摩擦。

（2）工会的俱乐部特征：美国汽车工人联合会。

> 思考：为什么世界各国对工会行为均有各类规制？

> 思考：工会在推进企业民主管理中所遭遇的问题？

（四）阶级革命职能

以习近平总书记为核心的党中央，从国家治理和社会主义制度形态建构的战略高度布局工会事业，提出了一系列重要的原创性观点。中国工会第十七次全国代表大会报告将其概括为"八个坚持"：一是坚持党对工会工作的领导；二是坚持全心全意依靠工人阶级；三是坚持为实现中华民族伟大复兴的中国梦而奋斗；四是坚持中国特色社会主义工会发展道路；五是坚持弘扬劳模精神、劳动精神、工匠精神；六是坚持高举维护职工合法权益旗帜；七是坚持增强政治性、先进性、群众性的工会改革方向；八是坚持加强基层工会建设。

这一重要论述是对马克思主义劳动学说和工运学说的传承和升华。

课后线上讨论：

线上（超星平台）阅读本章节相关文献，分小组分别讨论以下问题：

第一，新就业形态对工会的挑战；

第二，中国工会与西方工会的差异。

第十一章　劳动关系管理课程思政
——员工参与管理

一、课程教学目标

通过本章的学习，帮助学生了解员工参与管理概念、类型、功能与限制、民主参与形式。进一步掌握各类民主参与方式实施条件、实施效果、中国语境下所面临的困境。

二、思政育人目标

本章主要的课程思政育人目标是宣传经济民主思想，进行国情和劳动思政教育。经济民主是社会主义思想的一个传统概念，经济民主的基础来自劳动而非资本。劳动者在参与企业事务过程中道德责任水平上升，增强社会团结能力，塑造公民精神，最终有利于推动社会政治民主的进程。

三、课程思政教育融入点

（一）员工参与的公平性与效率性的统一

公平是各类权益在全体人民间合理地分配，从中国的桃花源到西方的乌托邦，公平始终是人类社会最为普世的理想和追求目标。当今社会发展迅速、各类矛盾突出，公平仍然是人们讨论的中心。中国共产党不忘初心，始终将实现和维护公平正义作为奋斗目标。公平正义的发展和治国理念融中国特色社会主义道路之路，公平正义是社会主义的本质特征。不断追求社会公平，是实现中华民族伟大复兴中国梦的内在要求。财富的公平分配是社会对公平最为朴素的追求。亚里士多德认为平等即正义，孔子"不患寡而患不均"的观点也强调了财富均衡分配的重要性。基于私有产权的企业管理者将决策权视为私有产权的延伸，强调其神圣性并且表现出对工人民主参与对效率负面影响的担忧。工人运动所推动的社会实践以及类似霍桑实验所呈现的科学实验结果表明，员工民主参与同效率间并非存在不可调和的矛盾，高参与可能带来高绩效。员工民主参与在企业层面有助于推动企业内容公平分配的实现，缩小收入差距。同时高收入和福利某种意义上能够提升劳动积极性，挖掘人力资本潜力。

（二）员工参与有助于经济民主的实现

经济民主首先要解决的问题是将重大决策权或权威如何去中心化，并形成可行且有效的替代方案。比如，德国的"工作委员会"形式、资方和劳方之间协议自治（集体协商）的制度化实践。经济民主实施的重点在于工作场所的民主，民主理念在企业的中观层面、在工人参与管理的各类议程中转化为现实和工人的民主体验，工作场所的民主核心是劳动者对工作场所的管理与决策的参与。如何在工作场所实现工业民主？依据参与程度或对产权的重新定义，学者和实践者摸索出了三大模式。一是劳动者通过工会间接参与企业管理；二是工人直接参与管理，如职工代表大会、职工董事和职工监事等制度安排；三是工人持有公司股份改变产权结构，职工得以分享企业利润。因此，了解员工参与、深入讨论员工参与方式和存在的问题，有助于学生进一步明确员工参与的经济民主意义，灌输社会民主理念。

四、课程思政实施

（一）身边的民主参与方式

学习企业民主管理参与方式从同学们了解身边的民主参与开始。"意见箱"是社会各类机构和组织常用的收集组织成员意见的方式，也是最为常见的组织成员参与组织民主管理的方式，即使在学校中也能见到其身影。因此，同学生谈企业民主方式的最佳切入点是从"意见箱"开始，了解意见箱使用存在的问题。第一个问题是一些单位把意见箱当成了漂亮的"摆设"，缺少管理维护，使用率极低。一些机构将意见箱置于人烟稀少、难以触及之地，有意将意见箱与群众隔绝。媒体曾曝出2米意见箱，隐藏意见箱。意见箱里干干净净，表面上没"意见"，但最终可能导致机构成员的"信任危机"。第二个问题是意见反馈不及时、无作用。有的机构将意见简单囫囵地层层下转，有的属于普遍性问题转给基层答复，确实难以解决真正问题。

难道"意见箱"真的无效吗？日本丰田公司有一项建议制度或提案制度建立于20世纪50年代，即"好产品、好主意"。实施建议制度的最初一年只征集到789条建议，但随后逐年递增，建议采用率也在上升。1974年，丰田公司员工提出的建议首次超过45万条；到2000年，累计收集建议2200万条，平均每人提出建议11.9条①。丰田公司对于在不同阶段提出建议被采纳的人员在月末或年末以奖状、奖品、奖金等不同形式给予奖励。

员工参与方式包括员工持股计划、质量圈、工人董事和监事制度、建议方案（意见箱）、职工代表大会、厂务公开

---

① 张文胜，徐玉军. 日本企业内技能人才培养机制在我国的应用及启示——以汽车装备企业推动"改进改善提案制度"为例 [J]. 华东经济管理，2008（10）：137－140.

制度等，这里着重介绍同学们可能相对陌生的前三项参与制度安排。员工持股计划（employee stock ownership plant，ESOP），最早由美国人凯尔索（Louis Kelso）在 20 世纪 50 年代提出，可以分为杠杆型和非杠杆型。非杠杆型的员工持股计划是指由公司每年向该计划贡献一定数额的公司股票或用于购买股票的现金。这个数额一般为参与者工资总额的 25%，当这种类型的计划与现金购买退休金计划相结合时，贡献的数额比例可达到工资总额的 25%。杠杆型的员工持股计划主要是利用信贷杠杆来实现的。这种做法涉及职工持股计划基金会、公司、公司股东和贷款银行四个方面。质量圈即质量改善小组，是指从事相关工作的志愿人员组成小组，在训练有素的领导下定时聚会讨论并提出改善工作方法的方案。成员 5~10 人，定期聚会，负责人自我选举或由直线管理人员担任，讨论各种生产问题。质量圈的成功实施需要高层管理者信任质量小组的研究价值并给予支持，同时员工长期额外的投入需要强调集体主义的企业文化氛围。

（二）员工参与同企业效率

在 20 世纪 50 年代美国的一家玩具工厂，女工们被要求跟上流水线的速度，不得擅自离岗。但是严格的管理和高的流水线速度反而降低了生产效率，女工们怨声载道，消极情绪在车间空气中蔓延。低的生产效率影响了女工们的绩效收入，高的流水线速度又增加了她们的劳动强度。在现行管理制度下，女工们遭受了收入和身体的双重福利损失。因此，她们有强烈的意愿改变现行管理方式。几位流水线工长联系车间女工们讨论解决办法，最后向车间负责人提出要由她们自主决定流水线速度。在管理部门看来，这是一项离经叛道的解决方案。流水线持续的低效运行对劳资双方而言始终是双输的局面，在没有其他竞争方案的情况下，管理方最终决定冒险试一下，授权员工流水线自主控制。这些女工一经获得对其生产线速度的控制权，工作干劲十足，生产率很快达到了顶峰。在一天中，她们让传送带有时慢、有时快，以一种最适合她们的速度工作。不久她们的效率高得让管理部门十分不安，因为其他部门的工作效率难以适应她们的提速。

思考：员工参与企业管理是洪水猛兽吗？员工参与企业管理降低企业绩效吗？

员工参与制度与企业绩效的关系始终存在分歧。建立员工参与制度的出发点是在保障和维护员工权益的同时调动员工的积极性，最终实现劳资"双赢"。政府在不断尝试员工参与制度的构建，但反对的声音也始终存在。2010 年，《广东省企业民主管理条例》草案征求意见中，香港中华厂商联合会、中华总商会等团体召开记者发布会明确反对该条例，香港特区 47 家商会甚至发表联合声明，表示该条例将导致大批港资企业倒闭并引发撤资。在后续的修订草案中删除了部分关键内容，如企业设立职工董事、职工监事，所有企业应当建立职工代表大会。企业最大的担忧是员工参与是否对企业效率有所提升。员工参与的绩效结果同参与形式密切相关（Cotton，1993），依据员工参与制度对企业绩效的有效性可以将其划分为强、中、弱三类，分别包括自主管理团队和利润分享计划，工作生活质量计划、员工合作社、工作丰富化、员工持股计划等，质量圈和各种代表参与形式。但同时又有学者统计43项研究成果后发现，共同决策与生产率负相关（Doucouliagos Chris，1995）。目前，关于员工参与同企业绩效间的关系研究结论并不一致，但至少可以肯定一点，员工参与同企业绩效间并非决然的对立，截然不同的表现可能受到企业文化、参与方式、实施过程等具体因素的影响。

（三）员工参与企业管理的现实困境：职工董事制度

职工董事代表职工发声参与企业管理，延伸和重塑了职工代表大会制度，是建立有中国特色的现代企业制度和民主管理制度的重要一环。但是曾经拥有共治文化传统的中国企业，职工董事民主实现之路却举步维艰。一方面，有条件实施职工董事制度的企业设置职工董事的比例低。另一方面，职工董事并未能真正代表基层职工。法律上职工包括所有与用人单位存在劳动关系的各类用工形式的劳动者，但在人们的惯常思维中职工往往多指单位的一线工作者。基于民主管理目的，职工董事理应向基层或一线职工倾斜，但事实却与此相反。2011 年对上市公司的调查发现，仅有 43 家上市公司披露有职工董事安排。其中担任职工董事的工会主席（负责人）为 15 人，占比 34.09%；纪委书记为 7 人，占比 15.91%；职能部门也是重要来源，其中 17 名身兼党委身份；7 人在集团和股份公司两级任职（萧伟，2011）。2017 年，武汉市总工会对 2850 家公司制企业的职工董事情况进行调查，发现设立董事会的企业有 1080 家。在这 1080 家企业中有 452 家设立了职工董事，占比 42%。设立职工董事的企业中，有 140 家企业的工会主席进入了董事会，占比 31%；工会副主席任职职工董事的有 3 家，占比 0.7%；工会委员任职职工董事的有 25 家，占比 5.5%；非工会人员担任职工董事的有 284 家，占比 62.83%。企业职工董事的产生方式为行政指定的有 81 家，占比 18%；工会指定的有 24 家，占比 4.3%；职代会选举产生的有 191 家，占比 42%（黄开峰、舒伟军和苏宁波，2017）。相比 2011 年的上市公司，2017 年的调查在设置比例方面情况有所提高，但"贵族化"倾向仍然明显存在。

职工董事制度在《中华人民共和国公司法》（以下简称《公司法》）、《企业民主管理规定》，以及《中华全国总工会关于加强公司制企业职工董事制度、职工监事制度的意见》均有规定，但该民主制度安排被边缘化倾向明显，制度有待进一步完善。从法律规定看，《公司法》虽然将对职工董事的规定适用的范围扩展到非公有制领域，但仍然做了"应当有"和"可以有"的区分,这与国家深化国企改革、发展混合所有制的方向不匹配。对职工董事制度刚性约束不足,如职工董事在董事会中的比例、权责和救济等均未明确规定;对未按规定设置职工董事的企业,相关法律并未做出惩罚规定。从法律实施的情况看,国有企业职工董事缺位现象较为普遍。从目前的法律实践来看,职工董事制度的处境着实有些尴尬。很多国企甚至国资控股上市公司至今都没有职工董事,即便一些形式上设立了职工董事的公司,任职人员也并非来自职工,更像是高管的另一种形式。由于职工董事在公司担任领导职务,以及一些职工董事受制于上下级领导关系,往往站在领导的立场或出于私利,不能真正成为职工权益的代表。从执行层面看,职工董事履行职责缺乏相应的保障。职工董事虽然代表职工参加董事会行使职权,享有与公司其他董事同等的权利,承担相应的义务,并对董事会的决议承担相应的责任,但由于职工董事在履行职权时,没有明确的规定,职工董事个人利益得不到应有的保护,特别是当职工董事为维护职工权益与议案相左时,与其他董事相比,显得人单势薄,仅靠手头的一票难以充分维护职工权益。

五、课程思政教学反思

员工参与管理是维护职工权益的重要方式,有利于提高劳动者在第一次收入分配中的比重，推进共同富裕的实现。该章节的课程思政教学需要处理好两个问题：一是如何将学生参与活动的日常体验同企业的员工参与相对接，以增加同学们的感性认识和民主意识；二是如何看待企业民主管理推行在中国遇到的困难。

　　要将大学生的参与实践同课程中的员工参与相联系是该部分内容课程思政教学的一大挑战。大学生所熟悉的民主参与方式包括学生会换届、班级干部选举等民主制度的实施。多数大学生在校园中的民主参与体验更多表现为被动的参与者，而企业的员工民主参与更强调员工主动积极地参与企业事务，并且参与活动同自身利益有着更为直接的联系和互动。因此，从这一角度观察，大学生的民主参与体验同企业民主是有一定的距离的。那么如何拉近他们之间的距离呢？第一，发现两者共同的参与方式，如意见箱。第二，需要进一步扩展学生的民主参与体验，如通过"互联网＋"让更多的大学生主动参与民主管理和监督。第三，通过民主参与模拟和社会实践是迅速拉近距离的有效方式。

　　目前，我国企业民主管理仍然存在一些问题，那么如何引导学生正确地看待问题呢？企业民主提供了维护劳动者利益的重要参与方式，也正因为如此部分企业视员工参与管理为洪水猛兽。职工代表大会存在虚设情况，职工代表有"指定代表""老好人代表"以及选举的"走过场"等现象；职工董事和职工监事有贵族俱乐部倾向；工会参与企业民主管理能力较弱，企业工会干部人数少，同时兼职现象普遍，基层工会干部能用于企业民主管理工作上的时间和精力有限。对于上述问题可以分为两部分讨论：企业民主管理落实问题和工会体制问题。企业民主管理落实不到位，一大原因在于企业对于员工民主管理或参与认识不到位，将民主管理视为企业管理的不稳定因素。某种程度上企业的这一认知反映了国家过去长期以经济建设为中心的发展思路。目前，社会已转向以人民的幸福为中心，更为严格的劳动保护制度以及劳动执法，劳动者维权意识上升，坚持将劳动者排斥于管理之外反而增加了企业的运营成本。因此，企业的民主管理意识是我国经济社会发展阶段的产物，也必然会因时而变。工会是参与企业民主管理的承载主体，以工会为中心的企业民主实践在客观效果上有待改进。我国工会是承载工人阶级团结权的法团组织，并不是纯粹的社会团体，而是承接了国家职能的"准政府机构"。工会履行职能需要依赖于行政级别，但地方工会行政级别较低难以发挥应有作用。2015 年，中央深改组通过了全总工会改革方案，拉开了工会改革的帷幕。2016 年，上海群团改革试点尝试优化组织体系框架，推进工会干部队伍多元化，遴选制与专挂兼结合并行。我国通过工会改革努力构建中国特色社会主义工会发展道路，实现在新历史时期的工会高质量发展。

六、教学课件展示

员工参与管理

谈谈你身边的民主方式！

一、员工参与的类型

（一）根据员工参与管理的方式

第一，被迫参与和自愿参与——积极性。

第二，正式参与和非正式参与——制度。

第三，直接参与和间接参与——渠道。

（二）根据参与度的不同

第一，共同磋商。

第二，联合或共同决策。

第三，员工完全控制。

（三）根据员工参与决策的内容

第一，工作层面的参与。

第二，管理层面的参与。

第三，企业层面的参与。

引出问题：企业民主？

思考：身边的民主中类似的参与类型？

"意见箱"真的无效吗？

日本丰田公司有一项建议制度或称提案制度，建立于20世纪50年代，即"好产品、好主意"。1974年，丰田公司员工提出的建议首次超过45万条；到2000年，累计收集建议2200万条，平均每人提出建议11.9条。丰田公司对于在不同阶段提出建议被采纳的人员在月末或年末以奖状、奖品、奖金等不同形式给予奖励。

思考：民主参与实施的有效条件是什么？

二、有效实施员工参与

第一，沟通。

第二，授权。

第三，提高员工自身的素质水平。

第四，反馈和激励。

三、实施员工参与的意义

第一，增强员工的创造性和思考能力，对企业及企业的成功有强烈的责任感。

第二，增强员工自我训练的机会，有利于组织制度、决策的实施。

第三，帮助企业提高绩效和生产力、采纳新的工作方法来适应新技术的发展。

第四，有利于建立和谐的劳资关系，促进企业和员工共同发展。

第五，提高员工的忠诚度和满意度。

思考： 实施过程中需要注意的问题？

员工参与同企业效率

在20世纪50年代美国的一家玩具工厂，女工们被要求跟上流水线的速度，不得擅自离岗。但是严格的管理和高的流水线速度反而降低了生产效率，女工们怨声载道，消极情绪在车间空气中蔓延。低的生产效率影响了女工们的绩效收入，高的流水线速度又增加了她们的劳动强度。在现行管理制度下，女工们遭受了收入和身体的双重福利损失。因此，她们有强烈的意愿改变现行管理方式。几位流水线工长联系车间女工们讨论解决办法，最后向车间负责人提出要由她们自主决定流水线速度。在管理部门看来，这是一项离经叛道的解决方案。流水线持续的低效运行对劳资双方而言始终是双输的局面，在没有其他竞争方案情况下管理方最终决定冒险试一下，授权员工流水线自主控制。这些女工一经获得对其生产线速度的控制，工作干劲十足，生产率很快达到了顶峰。在一天中她们让传送带有时慢、有时快，以一种最适合她们的速度工作。不久她们的效率高得让管理部门十分不安，因为其他部门的工作效率难以适应她们的提速。

思考： 民主参与同企业效率是天然矛盾的吗？

四、员工参与管理的形式

第一，质量圈（quality circle）。
第二，员工持股计划。
第三，建议方案（意见箱）。
第四，职工代表大会。
第五，工人董事和监事制度。
第六，厂务公开制度。

思考：不同参与形式实施条件的差异？

职工董事会制度

　　职工董事代表职工发声参与企业管理，延伸和重塑了职工代表大会制度，是建立有中国特色的现代企业制度和民主管理制度的重要一环。但是曾经拥有共治文化传统的中国企业，职工董事民主实现之路却举步维艰。一方面，有条件实施职工董事制度的企业设置职工董事的比例低。另一方面，职工董事并未能真正代表基层职工。法律上职工包括所有与用人单位存在劳动关系的各类用工形式的劳动者，但在人们的惯常思维中职工往往多指单位的一线工作者。基于民主管理目的职工董事理应向基层或一线职工倾斜，但事实却与此相反。2011年对上市公司的调查发现，仅有43家上市公司披露有职工董事安排。其中担任职工董事的工会主席（负责人）为15人，占比34.09%；纪委书记为7人，占比15.91%；职能部门也是重要来源，其中17名身兼党委身份；7人在集团和股份公司两级任职。2017年武汉市总工会对2850家公司制企业的职工董事情况进行调查，发现设立董事会企业有1080家。在这1080家企业中有452家设立了职工董事，占比42%。设立职工董事的企业中，有140家企业的工会主席进入了董事会，占比31%；工会副主席任职职工董事的有3家，占比0.7%；工会委员任职职工董事的有25家，占比5.5%；非工会人员担任职工董事的有284家，占比62.83%。企业职工董事的产生方式为行政指定的有81家，占比18%；工会指定的有24家，占比4.3%；职代会选举产生的有191家，占比42%。相比2011年的上市公司，2017年的调查在设置比例方面情况有所提高，但"贵族化"倾向仍然明显存在。

思考：具体落实情况如何？

课后讨论：

　　通过搜索上市公司信息，比较不同类型企业职工董事和职工监事制度的实施情况。

第十二章　医疗保险实务课程思政——城乡居民基本医疗保险政策[*]

　　本科大三学生已经通过前期课程了解的社会保障的基本知识，初步了解社会保险的相关概念的内涵和外延，但是对具体到医疗保险这种切身相关的社会保险制度缺乏一定实务方面的认知。且因为学生大多开始准备考研，本课程作为选修课并不打算占用学生太多课余时间，主要以课堂授课和案例分析为主，落脚在实务，重点回答"如何做"（how?），需要学生有一定社会保险"是什么"（what）和"为什么"（why）的基础。主要包括医疗保险实务总论、职工基本医疗保险实务、城乡居民基本医疗保险实务、生育保险实务、城乡医疗救助实务和商业健康保险实务等内容。考查主要采用开卷考试的形式，增加学生基于本课程学习后解读实际问题的能力。本次课程思政聚焦在城乡居民基本医疗保险门诊待遇和生育保险待遇实务两部分。

---

　　* 本章为安徽财经大学教学研究项目"我国医疗保险科普课程研究"（acszjyyb2021006）的阶段性成果。

一、课程教学目标

本章在对城乡居民基本医疗保险住院待遇进行介绍的基础上，详细介绍基本医疗保险在门诊待遇上的最新政策，即门诊统筹。通过本章的学习，使学生能够对基本医疗保险门诊待遇有深刻的理解和掌握，并能够灵活运用所学社会保险知识解决本人及家庭在生活中的医疗报销，达到学以致用的目的。

二、思政育人目标

拿"活案例"激活思政课"新领域"。将思想教育、理论学习同解决实际问题、推进业务工作结合起来，最终推动思想政治工作落到实处。本课程作为涉及广大居民的民生根本，实务的具体案例是重点，也与学生及其家庭的医疗需求息息相关。践行学以致用是本课程的目标。

三、课程思政教育融入点

基于理论开展的教学，将其应用到实践之中，使其能够在提高学生理论能力的同时，能够促进实践知识的积累。学以致用是应用型人才培养提出的客观要求，也是促进学生未来发展、提高学生实践能力的关键，是学生素养的重要表现。因此，教师必须应用科学的案例实践教学方法，实现学以致用的教学目标。

四、课程思政实施

（一）导入新课

上文重点通过学习相关政策文件，深度了解本地非就业城乡居民参加城乡居民基本医疗保险（以下简称"居民医保"）的相关政策。主要包括法律法规、参保对象、基金、待遇条件等内容。在实践中，作为医疗保险核心的待遇是被保险人关注的核心。在实践中，居民可以享受哪些医疗保险待遇？享受这些待遇需要什么条件？最新的待遇政策发生了怎样的变化？

（二）核心知识点一：城乡居民基本医疗保险待遇

城乡居民基本医疗保险待遇如表 12 - 1 所示。

表 12 - 1 　　城乡居民基本医疗保险待遇（2022 年）

住院保障待遇	门诊保障待遇（outpatient）
1. 普通住院（inpatient） 2. 分娩（含剖宫产）住院定额补助 3. 意外伤害医疗待遇	1. 普通门诊 2. 常见慢性病门诊 3. 特殊慢性病门诊 4. 在校大学生普通门诊保障待遇
大病保险保障待遇	

资料来源：笔者收集整理自安徽省蚌埠市相关政策文件。

知识要点：第一，早期城乡居民基本医疗保险（含新型农村合作医疗和城镇职工居民基本医疗保险）主要是以大病统筹为主，特别是新农合以大病统筹兼顾小病理赔为主的农民医疗互助共济制度。这个定义显示出新型农村合作医疗制度是救助农民的疾病医疗费用的，而门诊、跌打损伤等不在该保险范围内，这项规定使得农民实际受益没有预想的那么大。

第二，适应建设中国特色医疗保障制度需要，确定基本保障内涵，厘清待遇支付边界，明确政策调整权限，规范决策制定流程，逐步建立健全医疗保障待遇清单制度（《关于建立医疗保障待遇清单制度的意见》，医保发〔2021〕5号）。明确医疗保障待遇清单包含基本制度、基本政策，以及医保基金支付的项目和标准、不予支付的范围。特别强调普通门诊，对于起付标准以上、最高支付限额以下的政策范围内的费用，居民医保门诊统筹支付比例不低于50%。

第三，具体到居民医保普通门诊待遇，普通门诊政策范围内医药费用是指符合"两个目录"规定的纳入报销范围的医药费用。其基本计算方式为：

普通门诊报销额度 = 政策范围内医药费用 × 报销比例

参保人员在乡镇卫生院（含实行一体化管理的村卫生室）、社区卫生服务站、社区卫生服务中心发生的政策范围内门诊费用纳入基金报销范围。普通门诊不设起付线，实行按比例封顶报销。在村卫生室（社区卫生服务站）、乡镇卫生院（社区卫生服务中心）发生的政策范围内普通门诊费用，基本医疗保险基金按50%比例报销，单次分别最高报销15元、30元，每日限报一次，年度基金累计最高报销分别为100元、150元。

（三）核心知识点二：生育待遇困境

社会保障的"五险一金"中有一个专门的险种——生育保险，在生育率走低、生育政策转型的大背景之下，很多人却忽视了"生育保险"本应该发挥的作用。2019年全国出生的人口有1400多万人，但真正享受生育津贴的人只有400多万人。这就意味着，我国每年只有不到三成的"宝妈"享受到了由生育保险支付的"生育津贴"，七成左右的新生儿家庭没有享受到生育保险的保障。下面的案例可以说明一些现实困境。

[**案例12 – 1**] 安徽省淮南市，某男性职工长期在某国企工作，按时由单位缴纳社会保险。其妻子于2020年12月怀孕，在刚怀孕时没有工作，但于2019年缴纳城乡居民基本医疗保险费。该妻子于2021年3月开始在安徽省（淮南市）辖区某企业单位工作（工作单位依法为其缴纳职工基本医疗保险），并于2021年9月21日生产。

经办机构回复：根据淮南市医保局《关于明确淮南市生育保险和职工基本医疗保险合并实施后生育待遇的通知》文件第三条"参保职工未就业配偶，可以享受其生育保险"之文件精神，我去市政务大厅申报报销，工作人员告知不能享受。2021 年 9 月 26 日 16 时许，我赶往淮南市医保局医疗保障科（生育）咨询，告知我的答案也是不符合政策和文件要求不能报销。

当事方疑惑：（1）怀孕是一个过程，难道说女性职工怀孕后就不能参加工作，公民的"就业权"是否受到侵害？（2）按照市医保局生育科解释说，政策规定企业和个人有义务购买社保，但部分企业可能存在未能依法缴纳社保的违规现象，如何处理？（3）生育保险是一个以怀孕为因、以生育为果的全过程的保险险种，因此生育保险覆盖了职工怀孕期间的各项检查费和生育费用，因此生育保险是以怀孕开始为计算起始的，而不是淮南市医保局生育科解释文件精神"是否就业是以生育时状态为计算起点"。

医保局最终回复：根据您反映的职工医保生育报销问题，根据《社会保险法》第六章第五十四条规定，用人单位已经缴纳生育保险费的，其职工享受生育保险待遇；职工未就业配偶按照国家规定享受生育医疗费用待遇。所需资金从生育保险基金中支付。生育保险待遇包括生育医疗费用和生育津贴。

根据《关于明确淮南市生育保险和职工基本医疗保险合并实施后生育待遇的通知》第三条"参加城乡居民医疗保险的未就业妇女，其生育医疗费用可以按照规定从城乡居民医疗保险基金中支付。参保职工未就业配偶可选择享受生育医疗费用待遇，但不得重复享受"的规定，您爱人在分娩时已有工作单位且已参保，故无法享受男职工未就业配偶生育医疗费用待遇，只能按照职工基本医疗保险生育待遇相关规定进行享受。另根据《关于进一步明确职工基本医疗保险中生育待遇有关问题的通知》第一条"2020年12月已参加职工基本医疗保险和职工基本养老保险，且至生育时连续缴费满6个月（含生育当月），可申请按原生育保险政策享受职工生育报销和生育津贴。2021年1月之后参加职工基本医疗保险的须连续缴费满12个月方可享受生育报销和生育津贴"的规定，您爱人为2021年3月参保，于2021年9月分娩，缴费未满12个月，因而也无法享受淮南市生育报销和生育津贴。

资料来源：安徽省医保局. 局长信箱［EB/OL］.（2021 - 09 - 30）［2022 - 12 - 04］. http：//ybj. ah. gov. cn/content/article/146098271.

请结合案例12 - 1中淮南市生育保险相关政策简要回答如下问题：

（1）该妻子能否享受城镇职工生育保险待遇，为什么？

（2）该妻子能否享受城乡居民医疗保险的生育待遇，为什么？

（3）该妻子能否享受在职职工配偶的生育待遇，为什么？

（4）结合如上案例及回答，您觉得淮南市生育保障体系是否存在问题？您有何改善意见？

回答要点：第一，享受生育保险待遇的条件。第二，生育保险和生育福利的区别。第三，低生育率背景下如何改善生育保险制度，提升妇女儿童福利。

（四）核心知识点三：城乡居民基本医疗保险缴费标准年年提升问题

[案例12-2] 2021年6月8日，国家医保局、财政部和国家税务总局《关于做好2021年城乡居民基本医疗保障工作的通知》将个人缴费标准从280元提升至320元。按照《关于做好2022年城乡居民基本医疗保障工作的通知》精神，2022年继续提高城乡居民基本医疗保险筹资标准。各级财政继续加大对居民医保参保缴费补助力度，人均财政补助标准新增30元，达到每人每年不低于610元，同步提高个人缴费标准30元，达到每人每年350元（见图12-1）。该文件中虽然写的是2022年的缴费标准，但实际上缴纳的是2023年的医疗保险费用。

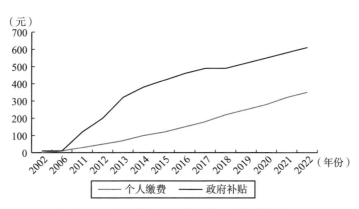

图12-1 我国城乡居民基本医疗保险缴费标准

注：各地政策不同，图中数据为最低缴费标准。2016年之前为新型农村合作医疗数据。

资料来源：笔者根据《国家医保局 财政部 国家税务总局关于做好2021年城乡居民基本医疗保障工作的通知》《国家医保局 财政部 国家税务总局关于做好2022年城乡居民基本医疗保障工作的通知》整理所得。

[**案例 12 – 3**] 近年来随着医疗保险缴费标准的不断提升，疾病发生风险较低的农村地区青壮年对缴费率年年提升存在疑问，对基本医疗保险参保心存质疑。比如，"最早新农合一年才缴费 10 元，后来年年增加，今年要缴 350 元，太高了"，"一家五口每年就要缴费 1000 多元"，"如果不生病这笔钱浪费了"，"异地报销很麻烦，需要专门回家去报销"，"门诊看病不能报销"等。调查中发现一些农民不参加新型农村合作医疗主要是基于新型农村合作医疗的保障水平低，农民了解不深，怕政策有变，认为是把自己的保险金拿去补偿别人了等的考虑。而参加新型农村合作医疗的农民不满意主要是因为保障水平低，参加和办理报销的程序烦琐等。

资料来源：笔者根据相关资料撰写。

请结合案例 12 – 2 和案例 12 – 3 及自己所学城乡居民基本医疗保险知识，为城乡居民科普介绍，劝农民积极参加医疗保险。

（1）为什么全民（包括高风险的老年人和低风险的青壮年）均要参加医疗保险？

（2）为什么城乡居民医疗保险缴费标准年年在提高？

回答要点：第一，国家补贴相应提升，且标准更高。2022 年居民医保筹资标准提高至 960 元（待遇享受期为 2023 年 1 月 1 日至 12 月 31 日），其中，居民医保人均财政补助标准新增 30 元，达到每人每年不低于 610 元；同步提高居民医保个人缴费标准 30 元，达到每人每年 350 元。2022 年大病保险筹资标准提高至 100 元左右。第二，待遇覆盖面和待遇水平均大幅提升，政策范围内基金支付比例稳定在 70% 左右。第三，基于保险大数原则，低风险的年轻人也必然会进入老年脆弱人群。

五、课程思政教学反思

教师教育的本质就是以育人为核心，通过教学帮助学生树立正确的人生观、价值观，把所学与实践相结合，使学生在学习中感悟，培养学习兴趣和能力；关键在于学校、社会、家庭三者协调发展。社会保险中最基本最重要的一点就在于，它强调的不是个人成本收益的平等，而是保险金的社会满意度。医疗保险作为与所有居民息息相关的社会政策，学生如何把所学知识应用到家庭乃至社会中，发挥学生在家庭乃至社会中的正向扩散作用是本课程的任务。

六、教学课件展示

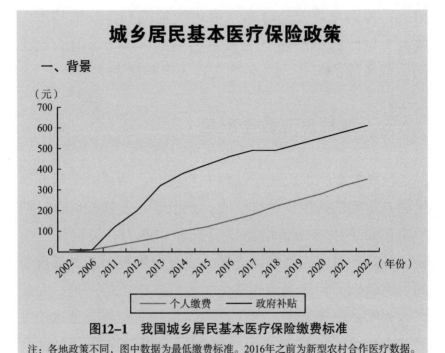

城乡居民基本医疗保险政策

一、背景

图12-1　我国城乡居民基本医疗保险缴费标准

注：各地政策不同，图中数据为最低缴费标准。2016年之前为新型农村合作医疗数据。

　　2022年居民医保筹资标准提高至960元（待遇享受期为2023年1月1日至12月31日），其中，居民医保人均财政补助标准新增30元，达到每人每年不低于610元；同步提高居民医保个人缴费标准30元，达到每人每年350元。

　　2022年大病保险筹资标准提高至100元左右。

　　政策范围内基金支付比例稳定在70%左右

　　　　——《关于做好2022年城乡居民医疗保障工作的通知》

　　身边农村地区亲人朋友与申请人沟通时，会对社会医疗保险和养老保险缴费表达疑问，且年年均如此表达。

　　比如，"如果不生病这笔钱浪费了"，"养老保险缴费选择最低档就好"，"异地报销很麻烦，需要专门回家去报销"，"门诊看病大多不能报销"等。

　　然而没有人认识到政府补贴标准为580元远远高于个人缴纳部分，也没有人认识到年轻人也会进入老年脆弱人群。申请人曾在乡村地区访谈，基层村干部或者社保经办人员表示，每年底保费缴费都是吃力不讨好的阶段，急需针对性、通俗性和科普性的宣传。

二、城乡居民基本医疗保险待遇

住院保障待遇	门诊保障待遇
1. 普通住院 2. 分娩（含剖宫产）住院定额补助 3. 意外伤害医疗待遇	1. 普通门诊 2. 常见慢性病门诊 3. 特殊慢性病门诊 4. 在校大学生普通门诊保障待遇
大病保险保障待遇	

（一）普通住院

　　普通住院：参保人员在定点医疗机构（急诊急救除外）发生的政策范围内医药费用。

　　1. 支付范围

　　普通住院政策范围内医药费用是指符合《安徽省基本医疗保险药品目录》《安徽省基本医疗保险医疗服务项目目录》（简称"两个目录"）规定的纳入报销范围内的医药费用。

　　在省外医疗机构住院治疗：

　　第一，通过国家平台结算的，执行就医地医保目录，参保地待遇政策。

　　第二，非国家平台结算的，执行参保地医保目录和参保地待遇政策。

2. 起付线与报销比例

参保人员在一级及以下医院、二级和县级医院、市三级医院、省属三级医院住院治疗的，起付线分别为200元、500元、800元、1200元，基金支付比例分别为85%、80%、70%、65%。

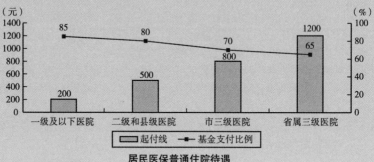

居民医保普通住院待遇

3. 住院起付线减免

（1）特困人员（《民政部关于印发〈特困人员认定办法〉的通知》，民发〔2021〕43号）住院报销，参保年度内不设起付线。

（2）重点优抚对象及低保对象（《关于建立最低生活保障对象综合认定标准的指导意见》《蚌埠市最低生活保障对象综合认定办法（试行）》）住院报销，参保年度内首次住院不设起付线。

（3）确需分疗程间断多次住院治疗的恶性肿瘤放化疗患者、脑瘫康复等患者在同一医院多次住院治疗的，参保年度内只设一次起付线。

（4）在紧密型医联（共）体内，对自觉遵守基层首诊的有偿签约居民（家庭医生2016-8-16《蚌埠市市辖区农村家庭医生签约服务工作实施方案（试行）》，强烈建议大家看看），通过系统逐级转诊住院的，上转病人补齐上级医院起付线差额，下转病人不再支付下级医院住院起付线。

4. 封顶线与保底报销

一个保险年度内，基本医疗保险基金报销额度实行累计封顶（含本办法所列门诊和住院），封顶线30万元。

对普通住院发生的符合规定的医药费用实行保底报销，报销比例省内医疗机构45%，省外医疗机构40%。

5. 计算方式

◆普通住院报销计算方式为：

报销金额=（政策范围内医药费用—起付线）×报销比例

◆保底报销计算方式为：

保底金额=（当次住院总费用—负面清单费用—起付线）×保底报销比例

（二）分娩（含剖宫产）住院定额补助

◆分娩（含剖宫产）住院定额补助1000元。

孕产妇住院医药费用主要为（占比≥50%）妊娠期或分娩期合并症、并发症医药费用的，按普通住院政策执行，但不再享受定额补助。

捐赠器官或组织手术，参保供者的住院医药费用（不含器官源或组织源费用以及院外配型、检测检验、运输、储存等相关费用）纳入基本医保报销范围，按同类别医院普通住院基金报销政策执行。

案例12-1

某男性职工长期在某国企工作，准时缴纳社会保险。其妻子于2020年12月怀孕，在刚怀孕时没有工作，但于2019年缴纳城乡居民基本医疗保险费。该妻子于2021年3月开始在市辖区某企业单位工作（工作单位依法为其缴纳职工基本医疗保险），并于2021年9月21日生产。

请同学思考：该女职工能否享受城镇职工生育待遇？

能否享受城乡居民医保生育待遇？

能否享受职工配偶生育待遇？

➤ 经办机构回复

根据淮南市医保局《关于明确淮南市生育保险和职工基本医疗保险合并后生育待遇的通知》文件第三条"参保职工未就业配偶，可以享受其生育保险"之文件精神，我去市政务大厅申报报销，工作人员告知不能享受。2021年9月26日16时许，我赶往淮南市医保局医疗保障科（生育）咨询，告知我的答案也是不符合政策和文件要求不能报销。

➤ 当事方疑惑

（1）怀孕是一个过程，难道说女性职工怀孕后就不能参加工作，公民的"就业权"是否受到侵害？

（2）按照市医保局生育科解释说，政策规定企业和个人有义务购买社保，但部分企业可能存在未能依法缴纳社保的违规现象，如何处理？

（3）生育保险是一个以怀孕为因、以生育为果的全过程的保险险种，因此生育保险覆盖了职工怀孕期间的各项检查费和生育费用，因此生育保险是以怀孕开始为计算起始的，而不是淮南市医保局生育科解释文件精神"是否就业是以生育时状态为计算起点"。

➤ 淮南市医保局最终回复

根据您反映的职工医保生育报销问题，根据《社会保险法》第六章第五十四条规定，"用人单位已经缴纳生育保险费的，其职工享受生育保险待遇；职工未就业配偶按照国家规定享受生育医疗费用待遇。所需资金从生育保险基金中支付。生育保险待遇包括生育医疗费用和生育津贴"。

根据《关于明确淮南市生育保险和职工基本医疗保险合并实施后生育待遇的通知》第三条"参加城乡居民医疗保险的未就业妇女，其生育医疗费用可以按照规定从城乡居民医疗保险基金中支付。参保职工未就业配偶可选择享受生育医疗费用待遇，但不得重复享受"的规定，您爱人在分娩时已有工作单位且已参保，故无法享受男职工未就业配偶生育医疗费用待遇，只能按照职工基本医疗保险生育待遇相关规定进行享受。

另根据《关于进一步明确职工基本医疗保险中生育待遇有关问题的通知》第一条"2020年12月已参加职工基本医疗保险和职工基本养老保险，且至生育时连续缴费满6个月（含生育当月），可申请按原生育保险政策享受职工生育报销和生育津贴。2021年1月之后参加职工基本医疗保险的须连续缴费满12个月方可享受生育报销和生育津贴"的规定，您爱人为2021年3月参保，于2021年9月分娩，缴费未满12个月，因而也无法享受淮南市生育报销和生育津贴。

➤ 对比：铜陵市政策

妻子在铜陵于2020年4月开始上班，2020年6月发现怀孕，因为他们是新公司在2020年12月才开始参加社保，我从2016年开始一直在铜陵的企业上班并缴纳社保，2021年3月生孩子，因为女方未满6个月社保无法报销生育险，我准备从我公司这边报销，现在告知我因为女方有保险，我这边的保险也不可以领取生育津贴，所有的费用都得自己出，那我们缴纳保险是为了什么呢？

关于"女职工参保不足6个月是否可以从男方享受生育待遇"的问题，根据铜陵市社保中心2018年第1期会议纪要规定女职工参保但不足6个月，符合计划生育政策生育的，其参保配偶可享受规定待遇中生育医疗费用的50%。

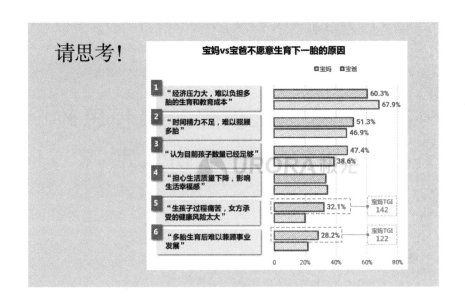

第十三章　工伤保险课程思政
——工伤认定

一、课程教学目标

本章主要详细介绍了《社会保险法》和《工伤保险条例》中关于工伤认定情形的规定。通过本章的学习，使学生能够对《社会保险法》和《工伤保险条例》相关法律条款有深刻的理解和掌握，提高学生未来进入社会保护自身合法权益的能力。

二、思政育人目标

通过掌握《社会保险法》和《工伤保险条例》中关于工伤认定的各种具体情形的规定，如应当认定工伤的七种情形、视同工伤的三种情形、职业病认定、工亡认定等内容。特别关注涉及大学生就业实习和新入职、新冠肺炎疫情期间和上下班交通事故下认定。

三、课程思政教育融入点

社会主义核心价值观是将法治作为社会层面的价值取向，是要制定各项法律、完善法律制度，坚持法律面前人人平等的原则，在党的领导下依照法律管理国家事务、社会事务，在全社会形成遵纪守法的良好风气。《社会保险法》和《工伤保险条例》对工伤认定的情形做出了明确的规定。用人单位必须严格按照法律规定，维护劳动者合法权利，共同维护社会的公平正义，推进法治社会建设。

四、课程思政实施

（一）通过现实热点案例导入新课内容

[案例 13 - 1] 工人收工路上因热射病去世，家属称未签合同无法获认定工伤。

2022 年 7 月 5 日，陕西省西安市一建筑工人王某因热射病倒在了收工回家的路上，被送医后抢救无效，于次日凌晨去世。王某的女儿王女士告诉记者，父亲病倒当天，总共在高温、高湿度的环境中工作了 9 个小时。王女士的弟弟今年参加了高考，即将成为一名大学生，父亲王某想挣些钱为儿子上大学的费用做准备。王女士表示，父亲因为未签劳动合同，难以认定劳动关系，无法认定为工伤，目前也联系不上工地负责人，去年工资也仍未结清。

资料来源：长江日报．工人收工路上因热射病去世 家属称未签合同无法获认定工伤［N/OL］．（2022－07－05）［2022－07－17］. https：//cnews. chinadaily. com. cn/a/202207/17/WS62d4b171a3101c 3ee7adf8f2. html. aa5ff3f13a3de44.

〰〰〰〰〰〰〰〰〰〰〰〰〰〰〰〰〰〰〰〰

请问：该建筑工人可以享受工伤（工亡）待遇吗？学生展开讨论，涉及劳动合同签订、社会保险购买和工伤认定等内容。

（二）讲解工伤认定规定，培养学生法治等社会主义核心价值观

劳动合同约定的违约金指的是劳动合同中约定的在用人单位或者劳动者违反了劳动合同中其他有关约定时，应当向对方支付的赔偿金。

涉及的相关法律条款如下：

《工伤保险条例》第十四条规定，职工有下列情形之一的，应当认定为工伤：

（1）在工作时间和工作场所内，因工作原因受到事故伤害的；

（2）工作时间前后在工作场所内，从事与工作有关的预备性或者收尾性工作受到事故伤害的；

（3）在工作时间和工作场所内，因履行工作职责受到

暴力等意外伤害的；

（4）患职业病的；

（5）因工外出期间，由于工作原因受到伤害或者发生事故下落不明的；

（6）在上下班途中，受到非本人主要责任的交通事故或者城市轨道交通、客运轮渡、火车事故伤害的；

（7）法律、行政法规规定应当认定为工伤的其他情形。

《工伤保险条例》第十五条规定，职工有下列情形之一的，视同工伤：

（1）在工作时间和工作岗位，突发疾病死亡或者在48小时之内经抢救无效死亡的；

（2）在抢险救灾等维护国家利益、公共利益活动中受到伤害的；

（3）职工原在军队服役，因战、因公负伤致残，已取得革命伤残军人证，到用人单位后旧伤复发的。

职工有前款第（一）项、第（二）项情形的，按照本条例的有关规定享受工伤保险待遇；职工有前款第（三）项情形的，按照本条例的有关规定享受除一次性伤残补助金以外的工伤保险待遇。

《工伤保险条例》第十六条规定，职工符合本条例第十四条、第十五条的规定，但是有下列情形之一的，不得认定为工伤或者视同工伤：

（1）故意犯罪的。

（2）醉酒或者吸毒的。

（3）自残或者自杀的。

（三）内容情景模拟，询问同学回答问题

结合学生或者家人可能遇到的情景模拟现实：

（1）下班回家的路上被狗咬伤，算工伤吗？

（2）下班回家的路上自己摔跤受伤，算工伤吗？

（3）下班回家的路上被行人冲撞受伤，算工伤吗？

（4）下班回家的路上被非机动车撞伤，算工伤吗？

（5）下班回家的路上被机动车撞伤，算工伤吗？

答案：

（1）不算。因为被狗咬伤不属于交通事故。

（2）不算。因为自己摔跤受伤不属于交通事故。

（3）不算。因为被行人冲撞不属于交通事故。

（4）不一定。要看交通事故责任认定，如本人负主要责任或全部责任，则不算；如负同等责任、次要责任或无责任，则算。

（5）不一定。要看交通事故责任认定，如本人负主要责任或全部责任，则不算；如负同等责任、次要责任或无责任，则算。

核心知识点：《工伤保险条例》第十四条第六项规定："在上下班途中，受到非本人主要责任的交通事故或者城市轨道交通、客运轮渡、火车事故伤害的，应当认定为工伤。"

知识点解读：要依据《工伤保险条例》第十四条第六

项认定工伤，必须同时具备以下三个要素。

第一，发生伤害事故是在合理的上下班途中（是职工以上下班为目的、在合理时间内往返于工作单位和居住地之间的合理路线，视为上下班途中）。

第二，责任事故认定中，本人无责、负次要责任或同等责任，或责任难以认定（"非本人主要责任"的认定，应当以有关机关出具的法律文书或者人民法院的生效裁决为依据）。

第三，伤害是由于交通事故（包含机动车和非机动车）或者城市轨道交通、客运轮渡、火车事故所导致。

（四）现实案例，加强学生认知

[案例 13 - 2] 上班途中二人都受伤，都能认定工伤吗？

赵先生与钱女士是同事且住同一小区。2019 年 8 月的一天早上，钱女士搭乘赵先生的汽车前往单位上班。在路上，因与他人驾驶的汽车发生碰撞而发生交通事故，两人同时受伤。后经当地交警部门认定，赵先生因闯红灯负事故的主要责任，对方司机负事故的次要责任，钱女士不负此次事故责任。

当地人社部门认定钱女士构成工伤，而赵先生不构成工伤。该项规定的关键点是"非本人主要责任"交警部门认定赵先生驾车闯红灯负事故的主要责任，表明赵先生不符合工伤认定条件。钱女士虽与赵先生同乘一车，但因为非本人负主要责任，因此符合工伤认定条件。

资料来源：腾讯网．上班途中二人都受伤，都能认定工伤吗？[N/OL]．(2020－09－02)[2022－11－23]．http：//new. gg. com/rain/c/20200902A03FPR00.

[**案例13－3**]飞虫入眼导致发生交通事故，能否认定为工伤？

某日，房某骑电动自行车去单位上班途中，迎面扑来的一只飞虫进入左眼。因眼部猛然刺痛，房某一时慌乱摔倒在路边草丛中。后经医院诊断，为左眼角膜上皮损伤。除眼部因飞虫致伤外，房某身体其他部位并未因摔倒引发伤害。

事后，房某向当地人社部门申请工伤认定。经调查核实后，人社部门作出不予认定为工伤的决定。房某不服，认为自己所受伤害系因上班途中的交通事故引起，应认定为工伤，欲提起行政复议。经人社部门耐心细致解释后，房某表示接受认定结果。

资料来源：光明网．飞虫入眼导致发生交通事故，能否认定为工伤？[N/OL]．(2020－08－27)[2022－11－23]．http：//m. gmw. cn/baijia/2020－08/27/1301502785. html.

案情解读：《工伤保险条例》第十四条第六项规定：职工在上下班途中受到非本人主要责任的交通事故或者城市轨道交通、客运轮渡、火车事故伤害的可以认定为工伤。

依据此项认定工伤，需包含三个要件：一是上下班途中；二是交通事故应为非本人主要责任；三是交通事故导致了伤害。只有同时具备这三个要件，才能认定为工伤。

房某上班途中骑电动车摔倒属于单方交通事故，可以申请道路交通管理部门进行责任认定。但是不论被认定为"本人主要责任"还是"非本人主要责任"，均会因不符合第三要件而不能被认定为工伤。

因为房某左眼所受伤害是飞虫所致，并非交通事故所致；飞虫致伤在前，交通事故发生在后，交通事故未导致身体伤害。未形成"伤"，就谈不上工伤认定。

另外，房某因飞虫所受意外伤害也不符合《工伤保险条例》所规定的应认定为工伤或者视同工伤的情形，因此，不能认定为工伤。

（五）如何理解"48小时之内经抢救无效死亡的，视为工伤"[①]

1. 基本案情

贾某生前与石家庄保安服务集团有限公司签订了期限为2016年7月1日至2019年6月30日的劳动合同。2017年8月27日22时30分左右，贾某在单位感觉身体不适，被家属接回家中。2017年8月28日13时30分左右，贾某在家中由120送至河北以岭医院抢救，入院诊断为（西医诊断）：冠心

---

① 澎湃新闻. 普法课堂 | 如何理解48小时之内抢救无效死亡的，视为工伤［N/OL］.（2021 - 03 - 23）［2022 - 11 - 23］. http：//www. thepaper. cn/newsDetail_forward_11843316.

病、急性下壁心梗、心肺复苏术后、2 型糖尿病、癫痫。同日 16 时 43 分死亡，死亡诊断为（西医诊断）：冠心病、急性下壁心梗、心源性猝死。仲裁和一审：2018 年 1 月 19 日，石家庄市人力资源和社会保障局做出的冀伤险认决字〔2017〕01012096 号《不予认定工伤决定书》。贾某家属不服，向河北省石家庄市长安区人民法院提起行政诉讼。

一审法院认定：死者贾某在工作时间和工作岗位上感觉身体不适，被家属接回家休息后发病死亡。上述情形不属于工作时间工作岗位突发疾病死亡。因此，贾某死亡的情形不符合《工伤保险条例》第十五条第一款第（一）项的规定。石家庄市人力资源和社会保障局做出的冀伤险认决字〔2017〕01012096 号《不予认定工伤决定书》，事实清楚，证据确凿，适用法规正确，程序合法，该院予以支持。

二审：贾某家属不服一审法院行政判决，提起上诉称：一审判决认定主要事实不清。贾某的突发疾病发生在工作时间和工作岗位，其病情恶化导致死亡与其 2017 年 8 月 27 日 22 时 30 分左右在工作期间、工作岗位上突发疾病存在连续性和因果关系。一审法院及被上诉人对于《工伤保险条例》第十五条第一款的理解有误，适用法律的前提错误，得出的结论错误。请求二审法院依法撤销一审判决及冀伤险认决字〔2017〕01012096 号《不予认定工伤决定书》，并责令被上诉人重新作出。二审查明事实与一审查明的事实基本一致。法院认为：2017 年 8 月 27 日 22 时 30 分左右，贾某在单位感觉身体不适，被家属接回家中。2017 年 8 月

28 日 13 时 30 分左右，贾某在家中由 120 送医院抢救无效于当日死亡。二审判决：驳回上诉，维持原判决。

2. 相关法律法规

《工伤保险条例》第十五条第一款第（一）项规定，职工在工作时间和工作岗位，突发疾病死亡或者在 48 小时之内经抢救无效死亡的，视同工伤。

人力资源和社会保障部法规司致国务院法制办社会管理法制司《关于如何理解〈工伤保险条例〉第十五条第（一）项的复函》，从立法本意看，《工伤保险条例》第十五条第一款第（一）项的规定，考虑了此类突发疾病或在 48 小时之内经抢救无效死亡可能与工作劳累、工作紧张等因素有关，实质上是将工伤保险的范围由工作原因造成的事故伤害扩大到了其他情形，最大限度地保障了这部分职工的权益。

但是，在工伤认定上还应兼顾与用人单位、社会保险基金之间的利益平衡，不能无限制、无原则地扩大对条例第十五条第（一）项视同工亡的理解和适用，应当严格按照工作时间、工作岗位、突发疾病、径直送医院抢救四要件并重，具有同时性、连贯性来掌握，具体情形主要包括：

（1）职工在工作时间和工作岗位突发疾病当场死亡；

（2）职工在工作时间和工作岗位突发疾病，且情况紧急，直接送医院或医疗机构当场抢救并在 48 小时内死亡等。

至于其他情形，如虽在工作时间、工作岗位发病或者自感不适，但未送医院抢救而是回家休息，48 小时内死亡的，不应视同工伤。

具体到本案，死者贾某值夜班时感觉身体不适，被家属接回家休息后次日下午经送医院抢救无效死亡。上述情形不属于工作时间工作岗位突发疾病死亡视同工伤情形。

3. 观点讨论

第十五条的立法原意：一是为了最大限度地保障职工在工作时因突发疾病或在 48 小时之内经抢救无效死亡可能与工作劳累、工作紧张等因素有关。二是为了平衡和兼顾与用人单位、社会保险基金之间的利益。工作时间、工作岗位、突发疾病、径直送医院，这四要件一个也不能少。

本案中贾某在单位发现身体不适，其家属如果不是直接接回家，而是送医院，那么认定结果就会不一样了。

五、课程思政教学反思

习近平总书记在中国政法大学考察时讲："全面推进依法治国是一项长期而重大的历史任务，要坚持中国特色社会主义法治道路，坚持以马克思主义法学思想和中国特色社会主义法治理论为指导，立德树人，德法兼修，培养大批高素质法治人才。[①]"《社会保险法》和《工伤保险条例》中关于工伤认定情形是一门实践性较强的内容，要认真学

---

① 共产党员网. 为全面依法治国贡献力量——深入学习贯彻习近平同志在中国政法大学考察时的重要讲话精神 [N/OL]. (2017－07－18) [2022－11－23]. https：//news. 12371. cn/2017/07/18/ARTI1500326139414257. shtml？from＝groupmessage & isappinstalled＝0.

习领会、贯彻落实习近平总书记关于加强和改进新形势下加快建设工伤保险制度的重点要求，切实提高政治站位。

现实中尽管工伤认定前置条件模糊导致认定困难，然而涉及学生及其家庭的关键核心点需要关注。如发生交通事故时，特别是涉及工伤时要即时报警取得责任认定文件，这样才能更好地保护好自己的合法权益。

六、教学课件展示

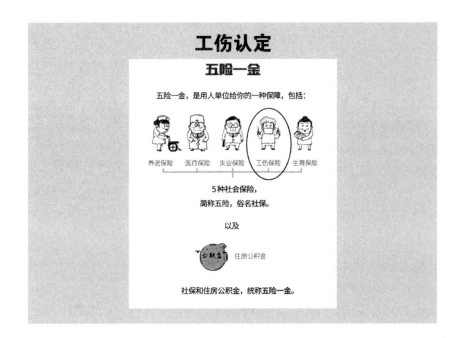

请思考：

· 工人收工路上因热射病去世，家属称未签合同无法获认定工伤。

一、中国工伤保险制度简介

1. 法律法规（Regulatory Framework）
2. 覆盖对象 （Coverage）
3. 基金来源（Source of Funds）
4. 工伤认定（Qualifying Conditions）
 • 工伤待遇 （Benefits）
5. 临时伤残津贴（Temporary Disability Benefits）
6. 永久伤残津贴（Permanent Disability Benefits）
7. 工伤医疗待遇（Workers' Medical Benefits）
8. 遗属津贴（Survivor Benefits）
9. 管理经办（Administrative Organization）

二、法律法规

1. 《中华人民共和国社会保险法》
 • 于2010年10月28日第十一届全国人民代表大会常务委员会第十七次会议通过，根据2018年12月29日第十三届全国人民代表大会常务委员会第七次会议《关于修改〈中华人民共和国社会保险法〉的决定》修订。
2. 《工伤保险条例》
 • 于2003年4月16日国务院第5次常务会议讨论通过，根据2010年12月8日国务院第136次常务会议《国务院关于修改〈工伤保险条例〉的决定》修订。
3. 其他有关法律
 • 《中华人民共和国职业病防治法》，于2018年12月修订并颁布。
 • 《中华人民共和国安全生产法》，于2021年6月修订并颁布。
 • 《中华人民共和国煤炭法》，于2016年11月修订并颁布。
 • 《中华人民共和国建筑法》，于2019年4月修订并颁布。
4. 相关配套法规
 • 《因工死亡职工供养亲属范围规定》（劳动和社会保障部令第18号），于2003年9月颁布。
 • 《关于实施〈工伤保险条例〉若干问题的意见》（劳社部函〔2004〕256号），于2004年11月1日发布。
 • 《工伤认定办法》（人力资源和社会保障部令第8号），于2010年12月修订并颁布。
 • 《非法用工单位伤亡人员一次性赔偿办法》（人力资源和社会保障部令第9号），于2010年12月修订并颁布。
 • 《部分行业企业工伤保险费缴纳办法》（人力资源和社会保障部令第10号），于2010年12月修订并颁布。
 • 《实施〈中华人民共和国社会保险法〉若干规定》（中华人民共和国人力资源和社会保障部令第13号），自2011年7月1日起施行。
 • 《人力资源社会保障部关于执行〈工伤保险条例〉若干问题的意见》（人社部发〔2013〕34号），于2013年4月25日发布。
 • 《人力资源社会保障部关于执行〈工伤保险条例〉若干问题的意见（二）》（人社部发〔2016〕29号），于2016年3月28日发布。
 • 《社会保险基金先行支付暂行办法》（人力资源和社会保障部令第15号），于2018年12月修订。
 • 《工伤职工劳动能力鉴定管理办法》（人力资源和社会保障部令第21号），于2018年12月修订。
 • 《工伤保险辅助器具配置管理办法》（人力资源和社会保障部令第27号），于2018年12月修订。

三、覆盖对象

- 中华人民共和国境内的企业、事业单位、社会团体、民办非企业单位、基金会、律师事务所、会计师事务所等组织和有雇工的个体工商户（以下称用人单位）应当依照本条例规定参加工伤保险，为本单位全部职工或者雇工（以下称职工）缴纳工伤保险费。

买了意外伤害保险就不参加工伤保险，违法！

四、基金来源

- 用人单位应当按时缴纳工伤保险费。职工个人不缴纳工伤保险费。

- 用人单位缴纳工伤保险费的数额为本单位职工工资总额乘以单位缴费费率之积。

- 国家根据不同行业的工伤风险程度确定行业的差别费率，并根据工伤保险费使用、工伤发生率等情况在每个行业内确定若干费率档次。

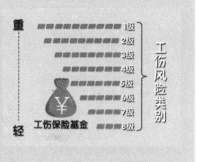

五、工伤认定

- 职工有下列情形之一的，应当认定为工伤：
  - （一）在工作时间和工作场所内，因工作原因受到事故伤害的；
  - （二）工作时间前后在工作场所内，从事与工作有关的预备性或者收尾性工作受到事故伤害的；
  - （三）在工作时间和工作场所内，因履行工作职责受到暴力等意外伤害的；
  - （四）患职业病的；
  - （五）因工外出期间，由于工作原因受到伤害或者发生事故下落不明的；
  - （六）在上下班途中，受到非本人主要责任的交通事故或者城市轨道交通、客运轮渡、火车事故伤害的；
  - （七）法律、行政法规规定应当认定为工伤的其他情形。

对"上下班途中"的认定

- 职工以上下班为目的、在合理时间内往返于工作单位和居住地之间的合理路线，视为上下班途中。

- 下班回家的路上被狗咬伤，算工伤吗？
- 下班回家的路上自己摔跤受伤，算工伤吗？
- 下班回家的路上被行人冲撞受伤，算工伤吗？
- 下班回家的路上被非机动车撞伤，算工伤吗？
- 下班回家的路上被机动车撞伤，算工伤吗？

- 《工伤保险条例》第十四条第六项规定：
- 在上下班途中，受到非本人主要责任的交通事故或者城市轨道交通、客运轮渡、火车事故伤害的，应当认定为工伤。
- 要依据《工伤保险条例》第十四条第六项认定工伤，必须同时具备以下三个要素。
- 第一个要素 发生伤害事故是在合理的上下班途中。
- 第二个要素 责任事故认定中，本人无责、负次要责任或同等责任，或责任难以认定。
- 第三个要素 伤害是由于交通事故（包含机动车和非机动车）或者城市轨道交通、客运轮渡、火车事故所导致。

案例13-3

- 某日，房某骑电动自行车去单位上班途中，迎面扑来的一只飞虫进入左眼。因眼部猛然刺痛，房某一时慌乱摔倒在路边草丛中。后经医院诊断，为左眼角膜上皮损伤。除眼部因飞虫致伤外，房某身体其他部位并未因摔倒引发伤害。
- 事后，房某向当地人社部门申请工伤认定。经调查核实后，人社部门作出不予认定为工伤的决定。房某不服，认为自己所受伤害系因上班途中的交通事故引起，应认定为工伤，欲提起行政复议。经人社部门耐心细致解释后，房某表示接受认定结果。

- 《工伤保险条例》第十四条第六项规定，职工在上下班途中受到非本人主要责任的交通事故或者城市轨道交通、客运轮渡、火车事故伤害的可以认定为工伤。
  - 依据此项认定工伤，需包含三个要件：一是上下班途中，二是交通事故应为非本人主要责任，三是交通事故导致了伤害。只有同时具备这三个要件，才能认定为工伤。
- 房某上班途中骑电动车摔倒属于单方交通事故，可以申请道路交通管理部门进行责任认定。但是不论被认定为"本人主要责任"还是"非本人主要责任"，均会因不符合第三要件而不能被认定为工伤。
- 因为房某左眼所受伤害是飞虫所致，并非交通事故所致；飞虫致伤在前，交通事故发生在后，交通事故未导致身体伤害。未形成"伤"，就谈不上工伤认定。
- 另外，房某因飞虫所受意外伤害也不符合《工伤保险条例》所规定的应认定为工伤或者视同工伤的情形，因此，不能认定为工伤。

视同工伤

- 职工有下列情形之一的，视同工伤：
  - （一）在工作时间和工作岗位，突发疾病死亡或者在48小时之内经抢救无效死亡的；
  - （二）在抢险救灾等维护国家利益、公共利益活动中受到伤害的；
  - （三）职工原在军队服役，因战、因公负伤致残，已取得革命伤残军人证，到用人单位后旧伤复发的。
    - 职工有前款第（一）项、第（二）项情形的，按照本条例的有关规定享受工伤保险待遇；职工有前款第（三）项情形的，按照本条例的有关规定享受除一次性伤残补助金以外的工伤保险待遇。

不得认定为工伤或者视同工伤

- 职工符合本条例第十四条、第十五条的规定，但是有下列情形之一的，不得认定为工伤或者视同工伤：
  - （一）故意犯罪的；
  - （二）醉酒或者吸毒的；
  - （三）自残或者自杀的。

工亡的认定

- 认定工亡一共有九种法定情形（《工伤保险条例》第十四条和第十五条规定）：
  - 1. 在工作时间和工作场所内，因工作原因受到事故伤害的；
  - 2. 工作时间前后在工作场所内，从事与工作有关的预备性或者收尾性工作受到事故伤害的；
  - 3. 在工作时间和工作场所内，因履行工作职责受到暴力等意外伤害的；
  - 4. 患职业病的；
  - 5. 因工外出期间，由于工作原因受到伤害或者发生事故下落不明的；
  - 6. 在上下班途中，受到非本人主要责任的交通事故或者城市轨道交通、客运轮渡、火车事故伤害的；
  - 7. 法律、行政法规规定应当认定为工伤的其他情形；
  - 8. 在工作时间和工作岗位，突发疾病死亡或者在48小时之内经抢救无效死亡的；
  - 9. 在抢险救灾等维护国家利益、公共利益活动中受到伤害的。

如何理解"48小时之内经抢救无效死亡的，视为工伤"

- 基本案情：
- 贾某生前与石家庄保安服务集团有限公司签订了期限为2016年7月1日至2019年6月30日的劳动合同。
- 2017年8月27日22时30分左右，贾某在单位感觉身体不适，被家属接回家中。
- 2017年8月28日13时30分左右，贾某在家中由120送至河北以岭医院抢救，入院诊断为（西医诊断）：冠心病、急性下壁心梗、心肺复苏术后、2型糖尿病、癫痫。
- 同日16时43分死亡，死亡诊断为（西医诊断）：冠心病、急性下壁心梗、心源性猝死。

仲裁和一审

- 2018年1月19日，石家庄市人力资源和社会保障局作出的冀伤险认决字〔2017〕01012096号《不予认定工伤决定书》。贾某家属不服，向河北省石家庄市长安区人民法院提起行政诉讼。
- 一审法院认定：死者贾某在工作时间和工作岗位上感觉身体不适，被家属接回家休息后发病死亡。上述情形不属于工作时间工作岗位突发疾病死亡。
- 因此，贾某死亡的情形不符合《工伤保险条例》第十五条第一款第（一）项的规定。石家庄市人力资源和社会保障局作出的冀伤险认决字〔2017〕01012096号《不予认定工伤决定书》，事实清楚，证据确凿，适用法规正确，程序合法，该院予以支持。

二审

- 贾某家属不服一审法院行政判决，提起上诉称：一审判决认定主要事实不清。贾某的突发疾病发生在工作时间和工作岗位，其病情恶化导致死亡与其2017年8月27日22时30分左右在工作期间、工作岗位上突发疾病存在连续性和因果关系。一审法院及被上诉人对于《工伤保险条例》第十五条第一款的理解有误，适用法律的前提错误，得出的结论错误。请求二审法院依法撤销一审判决及冀伤险认决字〔2017〕01012096号《不予认定工伤决定书》，并责令被上诉人重新作出。
- 二审查明事实与一审查明的事实基本一致。
  法院认为：2017年8月27日22时30分左右，贾某在单位感觉身体不适，被家属接回家中。2017年8月28日13时30分左右，贾某在家中由120送医院抢救无效于当日死亡。

相关法律法规

- 《工伤保险条例》第十五条第一款第（一）项规定，职工在工作时间和工作岗位，突发疾病死亡或者在48小时之内经抢救无效死亡的，视同工伤。
  - 人力资源和社会保障部法规司致国务院法制办社会管理法制司《关于如何理解〈工伤保险条例〉第十五条第（一）项的复函》，从立法本意看，《工伤保险条例》第十五条第一款第（一）项的规定，考虑了此类突发疾病或在48小时之内经抢救无效死亡可能与工作劳累、工作紧张等因素有关，实质上是将工伤保险的范围由工作原因造成的事故伤害扩大到了其他情形，最大限度地保障了这部分职工的权益。
- 但是，在工伤认定上还应兼顾与用人单位、社会保险基金之间的利益平衡，不能无限制、无原则地扩大建议对条例第十五条第（一）项视同工亡的理解和适用，应当严格按照工作时间、工作岗位、突发疾病、径直送医院抢救等四要件并重，具有同时性、连贯性来掌握，具体情形主要包括：
  - （1）职工在工作时间和工作岗位突发疾病当场死亡；
  - （2）职工在工作时间和工作岗位突发疾病，且情况紧急，直接送医院或医疗机构当场抢救并在48小时内死亡等。
  - 至于其他情形，如虽在工作时间、工作岗位发病或者自感不适，但未送医院抢救而是回家休息，48小时内死亡的，不应视同工伤。

- 具体到本案，死者贾某值夜班时感觉身体不适，被家属接回家休息后次日下午经送医院抢救无效死亡。上述情形不属于工作时间、工作岗位突发疾病死亡视同工伤情形。
- 二审判决：驳回上诉，维持原判决。

- 观点：
- 《工伤保险条例》第十五条的立法原意：一是为了最大限度地保障职工在工作时因突发疾病或在48小时之内经抢救无效死亡可能与工作劳累、工作紧张等因素有关。二是为了平衡和兼顾与用人单位、社会保险基金之间的利益。
- 工作时间、工作岗位、突发疾病、径直送医院，这四要件一个也不能少。
- 本案中贾某在单位发现身体不适，其家属如果不是直接接回家，而是送医院，那么认定结果就会不一样了。

请思考：工作原因感染新冠，算工伤吗？

参 考 文 献

[1] 包俊洪. 以人民为中心：回答重大时代课题的根本立足点 [J]. 红旗文稿，2022（04）：20-23，1.

[2] 曹海军，薛喆. "三社联动"机制下政府向社会力量购买服务的三个阶段分析 [J]. 中国行政管理，2018（08）：41-46.

[3] 曹胜亮，陈沚欣. 以人民为中心的发展思想的理论内涵、价值意蕴与实践路径 [J]. 社会主义核心价值观研究，2022（03）：34-42.

[4] 曾湘泉. 劳动经济学 [M]. 上海：复旦大学出版社，2006.

[5] 陈天祥，郑佳斯. 把政府带回来：政府购买服务的新趋向 [J]. 理论探索，2019（06）：13-19.

[6] 程惠霞. 失业保险制度促进就业功能的发挥及递进研究 [J]. 社会保障评论，2018（04）：85-98.

[7] 关爽. 党政主导：政府购买社会组织服务的制度特征与发展路径 [J]. 广西社会科学，2021（04）：17-22.

[8] 关信平. 进一步完善社会救助制度，实现"弱有

所扶"［N］.中国经济导报,2017－12－22（02）.

［9］黄开峰,舒伟军,苏宁波.公司制企业职工董事职工监事制度落实情况的调查［J］.工会信息,2017（01）:26－28.

［10］金双华,班福玉.失业保险制度对收入分配的影响——基于缴纳—领取路径的分析［J］.中南财经政法大学学报,2021（05）:51－62,159.

［11］句华.公共服务合同外包的适用范围:理论与实践的反差［J］.中国行政管理,2010（04）:51－55.

［12］乐章,张艺珂.收入还是替代:子女数量与中国女性劳动参与［J］.南方人口,2019,34（03）:46－56.

［13］林卡,申秋.绝对贫困的相对标准、多维贫困与大救助体系建设的政策实践［J］.社会发展研究,2020（3）:48－60.

［14］林丽,于君博.公共服务的产品属性对政府"生产还是购买"决策的影响［J］.宁夏社会科学,2022（04）:70－77.

［15］刘军强.政策的漂移、转化和重叠——中国失业保险结余形成机制研究［J］.管理世界,2022（06）:101－117.

［16］马培生.劳动经济学［M］.北京:中国劳动社会保障出版社,2015.

［17］萨瓦斯（美）.民营化与公私部门的伙伴关系［M］.北京:中国人民大学出版社,2002.

［18］澎湃新闻·澎湃号·政务.普法课堂｜如何理解

"48 小时之内经抢救无效死亡的，视为工伤" ［N/OL］. (2021 - 03 - 23) ［2022 - 11 - 23］. https：//www. thepaper. cn/newsDetail_forward_11843316.

［19］人力资源和社会保障部. 飞虫入眼导致发生交通事故，能否认定为工伤? ［N/OL］. (2020 - 08 - 27) ［2022 - 11 - 23］. https：//m. gmw. cn/baijia/2020 - 08/27/1301502785. html.

［20］人民日报. 为全面依法治国贡献力量——深入学习贯彻习近平同志在中国政法大学考察时的重要讲话精神 ［N/OL］. (2017 - 07 - 18) ［2022 - 11 - 23］. https：//news. 12371. cn/2017/07/18/ARTI1500326139414257. shtml? from = groupmessage&isappinstalled = 0.

［21］邓燕华. 社会建设视角下社会组织的情境合法性 ［J］. 中国社会科学，2019 (06)：147 - 166.

［22］书文. 我国积极应对印度发起的乘用车轮胎特保调查案 ［J］. 中国橡胶，2009，25 (12)：31.

［23］孙守纪，方黎明. 新就业形态下构建多层次失业保障制度研究 ［J］. 中国特色社会主义研究，2020 (Z1)：53 - 61.

［24］汪佳丽，徐焕东，常青青. 构建全过程、多主体、动态循环的政府购买公共服务监督机制 ［J］. 中国行政管理，2021 (01)：157 - 159.

［25］汪三贵，曾小溪. 后2020贫困问题初探 ［J］. 河海大学学报 (哲学社会科学版)，2018 (2)：7 - 13.

［26］程坤鹏，俞祖成. 我国政府购买服务研究的议

题、进展及范式：1978～2018 年［J］．中国矿业大学学报（社会科学版），2019（05）：104－116.

［27］习近平．在全国脱贫攻坚总结表彰大会上的讲话［EB/OL］．（2022－09－16）［2021－08－03］．https：//www．12371．cn/2021/02/25/ARTI1614258333991721．shtml.

［28］习近平．在教育文化卫生体育领域专家代表座谈会上的讲话［N］．人民日报，2020－09－23（002）.

［29］习近平．习近平谈治国理政（第三卷）［M］．北京：外文出版社，2020.

［30］萧伟．被边缘的民主——中国 A 股上市公司职工董监事调查［J］．董事会，2011（09）：42－47.

［31］胥大伟．中国将消灭绝对贫困，那些"无力脱贫又无业可扶的"怎么办？［J］．中国经济周刊，2020（45）.

［32］徐良．乡村振兴视域下农村妇女技能就业创业实践路径探析——以青海海东青绣产业为例［J］．天津市工会管理干部学院学报，2022，39（01）：49－55.

［33］杨斌，丁建定．全面实施全民参保计划背景下扩大失业保险覆盖面研究［J］．江西财经大学学报，2019（01）：74－81.

［34］杨河清．劳动经济学［M］．北京：中国人民大学出版社，2014.

［35］郁建兴，沈永东．调适性合作：十八大以来中国政府与社会组织关系的策略性变革［J］．政治学研究，2017（03）：34－41.

[36] 张文胜，徐玉军. 日本企业内技能人才培养机制在我国的应用及启示——以汽车装备企业推动"改进改善提案制度"为例 [J]. 华东经济管理，2008（10）：137－140.

[37] 长江日报. 工人收工路上因热射病去世　家属称未签合同无法获认定工伤 [N/OL].（2022－07－05）[2022－07－17]. https：//cnews. chinadaily. com. cn/a/202207/17/WS62d4b171a 3101c3ee7adf8f2. html.

[38] 赵履宽，杨体仁，姚先国，等. 劳动经济学 [M]. 北京：中国劳动出版社，2002.

[39] 许小玲. 政府购买服务：现状、问题与前景——基于内地社会组织的实证研究 [J]. 思想战线，2012（02）：75－78.

[40] 敬乂嘉，胡亚飞. 政府购买服务的比较效率：基于公共性的理论框架与实证检验 [J]. 公共行政评论，2018（03）：137－161.

[41] 张英秀. 政府购买公共服务背景下的农村残疾人居家托养服务研究——基于J市的实证调研 [J]. 南京师大学报（社会科学版），2018（03）：32－39.

[42] 韩清颖，孙涛. 政府购买公共服务有效性及其影响因素研究——基于153个政府购买公共服务案例的探索 [J]. 公共管理学报，2019（03）：62－72.

[43] 董杨. 政府购买公共服务中的公共利益及其实现机制 [J]. 行政论坛，2020（06）：59－64.

[44] 李敏，徐顽强. 政府购买社会组织服务：理论溯

源与研究进路［J］．扬州大学学报（人文社会科学版），2020（05）：74 – 87.

［45］陈为雷．政府和非营利组织项目运作机制、策略和逻辑［J］．公共管理学报，2014（03）：93 – 105.

［46］张邦辉，李丹姣，蒋杰．政府向社会组织购买公共服务中的公众需求表达机制探究［J］．改革，2020（05）：139 – 149.

［47］中国劳动保障报，中国工伤保险．上班途中二人都受伤，都能认定工伤吗？［N/OL］．（2020 – 09 – 02）［2022 – 11 – 23］．https：//new. qq. com/rain/a/20200902A03FPR00.

［48］中华人民共和国国民经济和社会发展第十四个五年规划和2035 年远景目标纲要［EB/OL］．（2012 – 03 – 13）［2021 – 08 – 03］．http://www. gov. cn/xinwen/2021 – 03/13/content_5592681. html.

［49］邹广文，华思衡．论以人民为中心的高质量发展［J］．求是学刊，2022（03）：18 – 24.

［50］Blundell R，Meghir C，Smith S. Pension incentives and the pattern of early retirement［J］. The Economic Journal，2002，112（478）：C153 – C170.

［51］Colle C C. Retirement incentives and couples' retirement decisions［J］. Topics in Economic Analysis and Policy，2004，4（1）：1277.

［52］Doucouliagos Chris. The efficiency of the labour – managed firm theoretical and empirical considerations［D］.

Monash University, 1995.

[53] Friedberg L, Webb A. Retirement and the evolution of pension structure [J]. The Journal of Human Resources, 2005, 40 (2): 281 – 308.

[54] K C Cotton. Evaluating and improving steam turbine performance [M]. CottonFact, 1998.